BIAGIO MANNA

Vincenza Birillo

SOLFERINO

SOLFERINO

www.solferinolibri.it

Progetto editoriale realizzato
in collaborazione con Lorenzo Laporta

ISBN 978-88-282-1692-6
Prima edizione: maggio 2025

Vincenza Birillo

Ai bambini
e a Napoli, che è la loro mamma.

Pe' 'e vie 'e sta vita.

Capitolo 1

È una notte di luna gialla, su Napoli.

Auto che rombano sul lungomare, motorini che sgommano agli incroci, sterzano e svaniscono lontani. Lampeggianti che sfrecciano nel rumore di sottofondo dei palazzi, con le imposte chiuse e le luci ancora accese. Il suono delle strade sale al cielo come una preghiera stanca.

Non dorme la città, non dorme mai.

Nelle strette viuzze dei Quartieri Spagnoli il respiro dei ragazzi che corrono è un'eco di risate lontane. Le ragazze scappano, sgusciano fuori e si nascondono, ancora una curva, ancora pochi metri, arrivano?, dallo slargo si vede il mare. Si faranno acchiappare, le ragazze che sognano i baci. Perché la notte fa sposare i sogni con i baci.

Da vico della Tofa viene un rumore diverso, dapprima lieve e continuo, come di qualcosa che rotola inesorabilmente, seguito poi da uno scalpiccio veloce e da grida che sembrano versi di gabbiani in allarme per la pioggia in arrivo.

L'insieme di suoni cresce d'intensità, poi scandisce con un tocco e un balzo il passaggio sui gradini, giù, giù, giù, infine ecco sbucare su via Toledo un pallone Super Santos, e un paio di secondi dopo i ragazzini che arrancano in discesa per arrestarne la corsa. Scalpitano, tirano pallonate, urlano scherzosi, hanno scelto per campo la strada, e niente li scoraggia: l'energia nelle loro gambe secche e nude è incontenibile, infinita come la distanza che li separa dalle stelle.

Sono scugnizzi affamati di pane e di sogni, non sono né belli e buoni, né brutti e cattivi, non sono ancora niente e possono ancora realizzare qualsiasi cosa: sono giovani e felici, e non lo sanno. Eppure sembra che vogliano scappare via da tutto, più veloci del tempo, più veloci della gioventù che passa.

Le loro voci acute mandano in frantumi il silenzio sordo della via dormiente, si insinuano echeggiando verso il cielo. Dal chiasso che fanno non diresti mai che sono solamente sei. E intanto avanzano, ancora pochi metri, si ritrovano davanti alla Galleria Umberto. Si fermano. Tacciono.

Mario schiaccia il pallone sotto la suola. Guarda a destra, guarda a sinistra. Non c'è nessuno in vista, hanno campo libero. E allora caccia un urlo che esplode come il boato improvviso del Vesuvio che erutta: «L'ultim' fet' e puzz'!». Scatta in avanti e calcia forte verso l'alto, in direzione degli scalini.

La sfera arancione attraversa il portale come un

gol, e poi scende fino a rimbalzare sul pavimento di marmo. I sei ragazzini saltano sulle scale e si fiondano dentro, urlando entusiasti.

Ora quell'enorme spazio di marmo, silenzioso e austero, riverbera delle loro voci, delle pallonate, dei passi di corsa, come squarci su una tela nuova.

Raggiunto il centro si ricompattano per fare *'o tuocco*, cioè la conta, e assegnare palla o porta prima di iniziare la partita.

Antonio 'o Chiatton nota un mucchio di cartone che ingombra proprio l'estremità del loro campo. «Oh» dice «ma sta dormendo una persona là!»

Anche gli altri la vedono adesso, una stanza fatta con ritagli di scatole, un tappeto per materasso e una coperta di fogli di giornale.

Davide non ci pensa due volte: «Si deve togliere, quella è la porta nostra!».

«Sei sicuro che c'è qualcuno dentro?» domanda Mario.

E subito Iannelli: «E che, non lo vedi il mezzo piede là?».

«Dove?» chiede Marcolino.

«Oh, ma che sei cieco? Là, dove sta la busta!» fa Iannelli, e indica con un dito.

Tutti e sei cercano di mettere a fuoco in quel cumulo disordinato, finché Biagio 'o Cacaglio prende la parola: «Ma... ma... maa...».

«Se, ma-ma-ma-ma... Che stai accendendo la motocicletta?»

Biagio, stizzito, chiude la bocca, mentre gli altri sorridono alla battuta di Antonio.

A Mario viene un'idea. Prende la rincorsa come per tirare un rigore e annuncia: «Mò faccio strike» quindi scaglia una pallonata contro quel riparo di fortuna, facendo crollare un paio di scatole. Subito gli altri vogliono provare lo stesso divertimento: si prenotano per la prossima pallonata, in una gara a chi butta più cartoni per aria e a chi tira più forte.

Solo Biagio resta in disparte. Finalmente anche lui è riuscito a vedere il piede lì in mezzo...

«A-avete vi-viisto? Ci-ci... Ci sta una pe-pe-persona!»

Anche Iannelli si blocca a quel punto. «Che vi avevo detto io?»

Mario invece è inarrestabile. Con le mani ai lati della bocca urla rivolto al giaciglio: «Uè! Spostati, stai nella nostra porta!».

Dal fondo della galleria, però, non arriva risposta.

«Oh! 'Mocc a chi t'è muorto, togliti!»

Niente. Nemmeno un movimento.

Marcolino prova timidamente a ribadire che forse quella persona sta dormendo e dovrebbero lasciarla in pace, ma Davide ha avuto un'altra pensata. Con la faccia cattiva si avvicina alla parete, afferra una delle bottiglie di birra vuote che qualcuno ha abbandonato lì, quindi si abbassa il pantaloncino da calcio e inizia a fare pipì dentro la bottiglia.

A una delle alte finestre della galleria, richiamata da tutto quel trambusto, si affaccia un'anziana signora. Sembra provenire da un altro mondo, rispetto alla marmaglia che strepita laggiù. Elegante, distinta, ha i capelli – bianchi con riflessi violacei – ben cotonati e perfettamente in piega, alle orecchie dei pendenti d'argento tempestati di diamanti, una collana di perle portata sopra una camicia blu con un ricamo dorato a fiori, indossa gli occhiali, ma le lenti non nascondono il suo sguardo infastidito. Ha il cellulare in mano, sta per chiamare la polizia perché metta fine a quel chiasso scandaloso e infernale. Ma un istante prima che parta la telefonata al 113, al suo fianco si affaccia anche il nipote. Lui pare un piccolo lord, è un bimbetto in camicia bianca e panciotto indaco, serio serio, con le lentiggini sulle guance tonde e i capelli con la riga al centro.

«Nonna, quelli sono scugnizzi, vero?»

«Sì, e sono dei pezzenti, che un giorno cresceranno e metteranno al mondo altri pezzenti e vandali come loro.»

«Sembrano allegri» osserva il bimbo, sporgendosi un po'.

La nonna sbuffa. «Certo che lo sono. Non avendo nessuna responsabilità, chiunque sarebbe allegro.»

Negli occhi del nipote c'è un po' d'invidia, adesso, mentre la signora fissa quei parassiti con un'espressione schifata.

Anche Mario, intanto, ha capito le intenzioni di Davide e si è messo a pisciare dentro una seconda bottiglia.

Spaventato da quello che può succedere, Marcolino si lascia scappare un: «Ma siete pazzi?».

«No, anzi» gli risponde Mario, fingendosi premuroso. «La nostra è una gentilezza. Gli offriamo un tè caldo!»

Anche Biagio prova a farli ragionare: «N-no, ragazzi... Co... co... col vetro se lo p-prendete alla testa mu... muore. Ci fa-fate arrestare!»

«Allora fai una bella cosa» interviene Antonio. «Tu mettiti là, davanti all'uscita pronto a scappare, ché se corri come parli fai prima a consegnarti da solo.»

Il dispiacere di Biagio viene coperto dalle risate degli altri.

Poi Davide solleva la bottiglia. «Oh, m'arraccumann', al tre!»

«Uno...» fa Mario, guardandolo negli occhi.

«Due...» continua Davide.

Insieme gridano: «Tre!» e lanciano.

Le bottiglie si schiantano sulle staffe in ferro, in un'esplosione di vetro e piscio che cade come pioggia sulle scatole, sui fogli di giornale e sul corpo della persona che dorme lì in mezzo.

«Guagliù, fuimm'!» urla Davide, e i sei ragazzini si precipitano fuori, inebriati dal coraggio con cui hanno compiuto quel gesto così codardo.

Nella cornice della finestra in alto, la ricca signora li osserva allontanarsi e mette via il telefono. Non c'è più bisogno della polizia, si sono cacciati via da soli, almeno per ora. Si volta e rientra in casa, lasciando da solo il nipotino, stregato dalla scena incredibile a cui sta assistendo...

Il tempo di rifiatare, e i sei scugnizzi si appostano dietro al pilastro, all'ingresso della galleria.

«Io non vedo nessuno che si muove» fa Iannelli, sottovoce.

Pure Antonio 'o Chiattone fa capolino. «Sicuro?» chiede.

«E se l'abbiamo ammazzato, guagliò?» sbotta Marcolino.

«Se, il cazzo!» lo liquida Mario. «Noi abbiamo colpito il muro!»

Anche Biagio è preoccupato. «E se... se si... a-arrabbia e ci... ci... ci uccide lui a noi?»

«Oh, hai rotto il cazzo mò. E come sei tragico!» rintuzza Davide.

«Ma che, c'hai paura?» gli chiede Mario, quasi a sfidarlo.

«N-no... n-non ho pa-paura, io mi sto ca-cacando proprio sotto!»

Davide indica un punto tra i cartoni. «Ragazzi! Si è alzato!»

I sei si accalcano in silenzio appena dietro lo spigolo di marmo, pronti a nascondersi e a scappare al primo segno di pericolo.

Inzuppata di piscio, scrollandosi di dosso schegge di vetro, dal giaciglio di cartone esce fuori una ragazza.

È vestita di stracci rimediati in giro, i capelli raccolti in dei rasta rossi, ma in mezzo alla chioma insudiciata ci sono due ciocche blu. Sul viso, pallido e smunto, di una bellezza trascurata, spiccano gli occhi, azzurri come il cielo riflesso nel ghiaccio.

Nella galleria, ora deserta e silenziosa, sembra un'apparizione proveniente da un altro mondo.

Lentamente, la ragazza s'incammina, e quando arriva agli scalini gli scugnizzi se la sono già data a gambe, ne coglie gli ultimi passi mentre si infilano nel vicolo.

Allora attraversa la strada e alza la testa verso il cielo. La luna gialla disegna ombre sul suo viso, stende la sua ombra sull'asfalto.

Due donne in abito lungo stanno fumando sotto il portico del Teatro San Carlo. Quando vedono arrivare la ragazza fradicia, smettono di parlare, si scambiano uno sguardo disgustato. E non appena il puzzo di piscio le raggiunge, nello stesso istante gettano in terra i resti delle sigarette, li schiacciano con la punta delle scarpe eleganti e si ritirano verso le gradinate.

La ragazza le ignora e va avanti. In piazza Trieste e Trento supera la maestosa fontana recintata che fa da rotonda, poi cambia direzione, di colpo, come se avesse avuto un'idea improvvisa. Come in risposta a un richiamo segreto.

Ancora un breve tratto e si ritrova a scendere gli scalini che immettono alla piattaforma sul mare.

La luna gialla che illumina Napoli disegna bagliori scintillanti sulla superficie dell'acqua, e l'acqua sembra attenderla, paziente, invitante.

A ogni passo verso il mare la ragazza si libera di un vestito. L'ombra della sua sagoma sembra danzare, finché rimane completamente nuda. Anche la sua pelle riflette la luna.

Scende altri tre gradini e corpo e ombra si immergono, scompaiono nel buio. La ragazza riemerge sbracciandosi, non nuota, si tiene con i piedi ben saldi su uno scoglio. Intorno, le luci della città, dei lampioni, delle case, del Vesuvio, del Golfo intero si specchiano sull'acqua.

Si rilassa, si distende sul dorso, volgendo lo sguardo al cielo, un cielo stellato. A vederla così, i rasta rossi sparsi e galleggianti, sembrerebbe una creatura magica, una sirena, una dea.

Si tira su dal molo, si avvicina al mucchio dei vestiti che aveva.

Li guarda, non può più indossarli, perciò non le servono. Si volta e s'incammina per il lungomare di Napoli, ancora nuda e pura.

Chi la incrocia si scansa, ma stavolta i passanti la prendono a male parole.

«Ma sei pazza?»

«Fai schifo, puttana.»

«Tornatene al manicomio.»

Sotto i rasta rossi, grondante d'acqua, la ragazza li ignora, ignora tutto e tutti. Nessuna parola la tocca, nessun insulto la ferisce.

S'incammina verso la villa comunale, si infila nel tunnel.

Lì si ferma. Non c'è nessuno intorno, è buio, è un buon posto per trovare riparo.

In mezzo alle macchine c'è una montagnola di rifiuti. Si avvicina per cercare un nuovo materasso di cartone, una nuova coperta di giornali.

E all'improvviso l'immondizia si smuove, si agita, cascano bucce di banane e lattine svuotate, si solleva un tanfo che sa di abbandono e di fine. Si alza in piedi una donna, come un'apparizione. È un donnone imponente, con i radi capelli scompigliati, la sua faccia è un palazzo crollato, ma tra le rughe lampeggiano i grandi occhi celesti. Il suo volto ha qualcosa di familiare, le ricorda qualcuno ma non riesce ad afferrare chi.

Sulla bocca ha una smorfia, un mezzo sorriso piegato, e la sua voce è quasi un rimprovero di madre. Dice: «E che ci fai tu qua mò, signurì?».

La ragazza apre le labbra per rispondere, ma la vecchia solleva una mano, con il palmo aperto, e la zittisce. «Nun me ricere nient, miettete 'lloc. Cca nun te trova nisciun'». Poi si volta a rovistare dentro un'enorme busta colma di stoffe. Tira fuori un sacco nero, glielo porge. «Miettete chist', accussì ti copri 'a natura.»

Forse quella donna le legge nel pensiero, si domanda la ragazza, ma ancora non riesce a trovare le parole.

«Non ti mettere paura. Devi dormire, però, perché domani è un grande giorno.»

«E che ne sapite vuie?» chiede divertita la ragazza.

La donna stringe gli occhi, ma la sua facciona grassa è allegra, e non c'è neanche un'ombra di cattiveria nello sguardo. «Guarda che io so tutto, eh. Hai capito? E so pure quello che tieni da fare. Perciò riposati mò, e buonanotte.»

Quelle parole, quella voce, le sono di conforto.

La ragazza indossa il sacco nero ritagliandoci un buco per la testa e due per le spalle, poi si sceglie un pezzo di cartone grande grande, ci si avvolge dentro e si addormenta. La pelle nuda e fresca a un centimetro dall'asfalto, ma va bene così.

Un riflesso del lampione le finisce sulla bocca, dove le labbra sorridono.

Di fuori, la luna gialla se ne torna a illuminare per l'ultima volta, prima di tramontare, la città che ancora non dorme, piazza Plebiscito quasi deserta.

Nella piazza c'è un filo di fumo che si alza da una sigaretta, si snoda salendo, si arriccia e si assottiglia, poi il vento lo scompiglia e lo disperde.

Alla fine della sigaretta c'è un ragazzo, sta leggendo un volantino al suo amico.

«Ci andiamo, Giovà?»

«Sì, come no. E che ci azzecchiamo noi due?»

«Non ti piacerebbe fare l'attore?»

«A parte che quello è teatro, e non è cinema. Ma poi, con la faccia tua? Al massimo puoi fare il beccamorto.»

«Vaffanculo, Giovà.»

Gli lancia addosso il foglio, e si allontanano per la loro strada.

Sollevato dal vento, quel pezzo di carta, leggero come una piuma, attraversa la piazza, vola verso la villa comunale. Poi il vento si attenua, il volantino finisce sulla strada.

Un'auto che passa lo smuove di nuovo. Due, tre capriole, e finisce nel tunnel della villa comunale, in mezzo alle immondizie, si posa su un foglio di cartone, sopra il sonno di una ragazza.

Al mattino Napoli ha la voce roca. Il suono di una marmitta truccata. È la sveglia, per la gente di strada, per la gente che non ha casa.

La ragazza apre gli occhi, sbadiglia, si alza. Ci mette qualche secondo a ricordare dove si trova, cerca con lo sguardo la donna che le ha offerto ospitalità. Non c'è più. Si domanda se l'ha solo sognata.

Poi vede il foglio portato dal vento. Si china a prenderlo, lo afferra, lo legge.

Dice che al teatro di Napoli ci sono dei casting. Legge i nomi del regista e del produttore. C'è pure la data. Oggi.

Negli occhi chiari della ragazza, freddi come il cielo riflesso nel ghiaccio, si accende una scintilla.

Capitolo 2

Ai Quartieri Spagnoli giovani e vecchie la guardano storto, uomini e bambini si danno di gomito e sghignazzano, indicando la bella ragazza mezza nuda che s'è messa addosso un sacco nero e se ne va in giro per i vicoli come fosse una turista.

Altro che turista, lei conosce benissimo la zona, sa come muoversi e cosa cercare. La prima cosa da fare è trovarsi un paio di scarpe e togliersi di dosso quella camicia da notte di plastica. Perciò si aggira rapida e furtiva e di vicolo in vicolo raccoglie dagli stenditoi ora una mutanda, ora una maglia, ora un pantalone. Basta un momento che nessuno guarda, afferra gli indumenti e li nasconde sotto la plastica nera.

Al davanzale di una finestra al pianoterra vede un paio di ballerine rosse: si avvicina in punta di piedi, sbircia dentro e si ritrova davanti alla faccia la faccia di una signora che sta girando un mestolo dentro una pentola. Come la vede, la signora si blocca, sorpresa, e smette pure di canticchiare.

«Buongiorno» dice la ragazza, sfoggiando il suo miglior sorriso.

«B-buongiorno» risponde balbettando l'altra, ancora immobile, come avesse visto la Madonna.

Dopo un istante, la ragazza allunga le mani sulle scarpe, stavolta lentamente, le afferra, le solleva e le mostra alla donna. Con la testa fa un piccolo scatto, un cenno interrogativo, come a chiedere il permesso.

Ammutolita, la donna annuisce.

«Grazie e arrivederci» dice la ragazza, e scappa via ridendo.

Girato l'angolo si nasconde tra il muro e una macchina, si sveste e riveste più in fretta che può. Ha preso dei jeans, che le cadono a pennello, poi una camicia verde che le sta larga e una maglia gialla che le sta stretta. Alza le spalle, si accontenta, poteva andare peggio. Ma le scarpe no, quelle proprio non vanno, non le entrano nemmeno.

Allora torna indietro dalla cuoca gentile, si abbassa sotto la finestra e, senza farsi accorgere, le rimette al loro posto sul davanzale.

Quando la donna solleva gli occhi e le ritrova lì, sbatte le palpebre, incredula. È stato un miracolo o un sogno?

Alla fine la ragazza ha rimediato una scarpa da tennis verde e una blu, di due taglie diverse, fuori dai cassonetti dell'immondizia. Non è stato per niente facile, e con un po' più di tempo avrebbe potuto cavarsela meglio, ma l'orario sul volantino parla chiaro: meglio arrangiarsi con quello che ha.

Si guarda nello specchietto di un'auto. Ha i denti un po' sporchi, ma la pelle non è più macchiata. Sui rasta rossi la salsedine brilla nel sole. Si annusa: il suo corpo profuma di notte e di buio, i suoi abiti di pulito.

Quando sta per andar via le cade lo sguardo su una sagoma nera incastrata sotto il cassonetto. Si inginocchia per vedere meglio e riconosce la canna di una pistola. La tira fuori, la soppesa tra le mani – è leggera – e con un sorriso accetta anche questo dono. La nasconde dentro i pantaloni, e s'incammina.

Anche adesso i passanti guardano e segnano a dito quella bella ragazza vestita in modo stravagante. Ma al massimo qualcuno le fischia dietro, strappandole niente più che una risata.

Davanti al teatro c'è la fila per partecipare alle audizioni. Quando la ragazza si avvicina al bancone all'ingresso per mettersi in lista, la segretaria del teatro la squadra perplessa. Ne sono passati di là di tipi strani, artistoidi convinti di essere spiriti liberi, con le toghe da antichi romani o in pelliccia e colbacco in agosto, ma non ha mai visto nessuno presentarsi a un provino con tutti quei colori addosso, abiti di un'altra misura e con le scarpe spaiate...

«Sei qui per...?» le chiede dubbiosa.

«Per il casting. Sono un'attrice.»

La segretaria non è affatto convinta. «E perché sei conciata così? Cos'è, un costume di scena?»

«Ho messo la prima cosa che ho trovato» risponde candida lei.

«E va bene. Come ti chiami?»

La ragazza prende un respiro profondo. In un istante il passato le torna addosso, pesante e leggero. «Arteria» dichiara con solennità.

Ventiquattr'ore fa dormiva per strada, tra gli stracci, la puzza, i rifiuti della città. Dimenticata da tutti, ma non da sé stessa. Ora nel foyer affollato da aspiranti attori respira ambizione e talento, l'arroganza che maschera l'insicurezza di chi è qui per sottoporsi al giudizio insindacabile del regista.

Tra poco salirà sul palco e si esibirà in un provino che vale una vita.

Tutti i ragazzi e le ragazze che sono lì pensano la stessa cosa. Ma per lei è diverso, e lo dimostrerà. Sarà il suo colpo di scena. Questo pensiero le strappa un sorriso.

Si guarda intorno. C'è chi prova un monologo in silenzio, muovendo soltanto le labbra, chi simula un pianto, chi urla una risata cattiva. Qualcuno bisbiglia dei versi di una canzone, qualcun altro si scambia di posto con il vicino per mettere in scena un dialogo mandato a memoria.

C'è una ragazza in tutina nera, una danzatrice. Il corpo minuto e asciutto attrae lo sguardo come un magnete. La ragazza ha la pelle del viso chiarissima, luminosa, incorniciata da capelli corti e neri.

Sta provando dei passi sulle punte, le braccia slanciate si muovono con una grazia istintiva, naturale. È leggera, elegante, sinuosa.

Allarga le braccia per prendere slancio – e Arteria nota i polsi sottili – prima di eseguire una serie di piroette, una dopo l'altra.

Ruotando si accorge di Arteria: il suo corpo nero e felino si gira, gli occhi restano fissi in quelli di lei, prima in un'espressione di sorpresa, poi in un sorriso amichevole.

Pure gli occhi della ragazza sono neri come la tuta e i capelli. Due pupille giganti in un taglio orientale, sottolineati da una riga di kajal.

La ragazza si avvicina e le tende la mano, il sorriso e il piercing brillano alla luce dei lampadari di cristallo del foyer. «Ciao! Lo sai che hai un look davvero pazzesco?»

«Grazie. E... tu... sei...» balbetta.

L'altra si schermisce, simulando modestia e imbarazzo con un gesto della mano. «Sì, sono io! Brava che mi hai riconosciuta, nonostante la tuta e i capelli tagliati!»

«Veramente io...» fa Arteria, distogliendo lo sguardo.

La ragazza tira indietro la testa e spalanca gli occhi, sorpresa. «Veramente non mi riconosci? Sono Agata l'influencer di Instagram!»

Arteria scuote il capo. Sono anni che non ha un cellulare.

«Ma come!» esclama. E poi aggiunge, diminuendo pian piano il volume: «Ho due milioni di follower e...».

Arteria tenta di recuperare, colpita: «È colpa mia, sai. È che ho vissuto all'estero per un po' e...».

«Ah, ecco spiegato!» dice la ballerina, e torna a sorriderle amichevole. «Facciamo le cose per bene, allora. Io sono Agata Gigli, piacere. E tu come ti chiami?»

«Arteria.»

Si scambiano una stretta di mano.

«Arteria...? Arteria e basta?»

«Sì. È... il mio nome d'arte.»

Le labbra di Agata si aprono a incorniciare un sorriso ancora più grande. «Bel nome! Pazzesco come te!»

«Tu sei... pazzesca. Era questo che volevo dirti, prima.»

«Macché! Io ti ho vista e ho pensato "wow". Ci vuole coraggio a presentarsi così a un provino. Però mi piacciono un sacco i tuoi rasta rossi. E i tuoi vestiti. Le scarpe diverse poi! Geniale.»

«Grazie...»

«Tutti gli altri sembrano vestiti per un carnevale o eleganti, da matrimonio, io sono l'unica in tuta. Ma tu, tu sei... Boh, non lo so nemmeno io. Però so che ti ho notata subito. Da dove sei uscita?»

Negli occhi neri di Agata, Arteria legge un desiderio di sincerità così innocente e puro che è costretta ad abbassare lo sguardo. La verità è dura, le farebbe troppo male. E allora, dato che è in un teatro, dato che quelli che indossa sono costumi di scena, non le rimane altro che recitare: «Dalla pancia della città. Dal mare. Dai vicoli sporchi».

Agata ride, una risata da bambina felice, e le dà una pacca sulla spalla. Anche le sue dita sono delicate come i polsi, come gli occhi, come la pelle. «Mi hai fregata! Stai provando la parte, eh? Stai facendo una borderline, tipo?»

Arteria si fa seria. Prende un respiro, trova il coraggio di incrociare di nuovo il suo sguardo e di sostenerlo. «La faresti una cosa per me, Agata?»

«Sei proprio una forza. Ti va se diventiamo amiche?»

«Non sto scherzando. Ho bisogno davvero di un favore grande assai.» Per un attimo è tentata di convincerla minacciandola. Le basterebbe sollevare appena la maglietta per farle intravedere il calcio della pistola. Ma Agata attira già così troppi sguardi, e se reagisse male sarebbe troppo rischioso. Meglio spiegarle a parole.

Si siedono in disparte e Arteria parla parla parla, ininterrottamente, per lunghi minuti, mentre Agata si copre la bocca con le mani e scuote la testa, partecipe, spaventata, commossa. Chi le guarda pensa che stiano recitando un copione scritto da tempo, ma Arteria sta improvvisando sul canovaccio della sua vita.

Senza alzarsi, Arteria fa la mossa di provare un inchino, poi indica il cellulare di Agata e congiunge le mani, in preghiera. Agata ha gli occhi neri umidi, le tremano le labbra. Fa sì con la testa, poi abbraccia quella sconosciuta.

Quindi si alza, con un gesto fluido si china a raccogliere la sacca con le sue cose e si allontana lungo il corridoio che porta alle gallerie. Pochi passi prima di girare l'angolo, si volta indietro a guardarla.

Arteria si porta un dito sulle labbra, in un invito al silenzio. Agata ricambia, ripetendo lo stesso gesto, in un cenno d'intesa. Poi sparisce.

«Mettetevi qua, in fila per uno.»

La voce dell'assistente alla regia riscuote Arteria, riportandola alla realtà, al presente. Al futuro che sta per cominciare.

«Vi chiamiamo noi, un po' alla volta. Ora entrano De Vita, Lisandra e Farinacci.»

Due ragazze e un ragazzo si avviano lungo il corridoio che porta al retro del palco.

L'assistente li depenna dalla lista, poi scorre gli altri nomi e legge: «Si preparino Gigli, Buonvento e... Arteria».

Lei fa un passo avanti, sta per aprire bocca, quando una donna in abiti settecenteschi le si fionda davanti, la supera, si precipita a stringere la mano all'assistente. Ha il viso incipriato e un neo di bellezza disegnato a un paio di centimetri dalle labbra pittate di rosso.

«Sono Gilda Buonvento, piacere. Dove devo andare?»

«Per ora mettiti di là, ti chiamo io appena è il tuo turno. Gli altri due? Gigli e Arteria?»

«Arteria sono io.»

L'assistente la guarda, dai rasta alle stringhe delle scarpe spaiate, e le sorride, incoraggiante. «Complimenti per il look» le dice. «Audace ma contenuto. Sembri una senzatetto, ma allo stesso tempo hai un'aria da ragazzina innocente.» La osserva stringendosi il mento tra pollice e indice, meditabondo. «Ma noi ci conosciamo già, per caso?»

Arteria fa di no con la testa. Poi, rapida, con un filo di voce: «Agata Gigli non c'è. È dovuta andare via.»

«Mi dispiace. Ma forse è meglio così, no? Per voi, che avete una concorrente in meno, e per noi, che magari finiamo prima». Segna un tratto di penna sul foglio, lo mette via, si allontana nel corridoio e grida: «Siediti là e aspetta, per favore».

Aspettare. È una vita che aspetta. Il suo momento, l'occasione giusta, il riscatto. La rivincita. La vendetta.

L'istante esatto per tirare fuori la pistola.

Capitolo 3

In mezzo alla gente di teatro sa di essere uguale e diversa dagli altri. Non sono i vestiti, e non sono le scarpe o i capelli rossi e blu. Non è il peso del ferro nascosto tra lo stomaco e i jeans.

È un peso che nessuno ha mai voluto vedere.

Al fianco di Arteria, la damina si muove nervosa, avanti e indietro, quattro passi ad andare e quattro a tornare, in un fruscio di pizzi e di trini, il cerchio della gonna che ondeggia a destra e a sinistra. Sta sussurrando qualcosa, forse una preghiera, forse una serie di battute, e intanto si mordicchia le unghie smaltate di rosso ciliegia, un colore così intenso da farle sembrare finte. L'ansia la divora.

Arteria si guarda le mani, le unghie cerchiate di nero e di sporco, i palmi scavati. Un leggero tremore alle dita. Forse è normale. Anzi no: niente di tutto ciò che è accaduto è normale. Niente di ciò che deve accadere è normale. Allora le risale la rabbia, più forte della paura. Strizza gli occhi, stringe forte i pugni, le unghie piantate nella pelle.

Quando riapre le palpebre e scioglie la stretta delle dita, le mani non tremano più. Sintonizza il respiro sul ritmo preciso dei pensieri, controllando il diaframma. La mente ha ripreso il controllo del corpo. È così che dev'essere per dare il massimo sul palcoscenico.

L'assistente si affaccia nella saletta: «Avanti, voi due. Tocca a voi, forza».

Con un gesto rapido le invita a seguirlo.

Arteria immaginava di salire direttamente sulla scena, invece l'uomo svolta a destra, verso uno degli ingressi laterali della platea. Scosta la tenda rosso scuro e ad Arteria indica una delle sedie in prima fila, all'altra invece i gradini che immettono sul palco.

Eccola, la platea, enorme, le file di poltrone allineate e le gallerie in alto, e poi ecco le tavole del palcoscenico con le luci di due occhi di bue puntate al centro.

A bocca aperta, Arteria percorre i tre passi che la separano dalla sedia più vicina. È un luogo sacro, il teatro, per lei. Devono sentirsi così i pellegrini che entrano a San Pietro o a Notre Dame. Il cammino di una vita, un'architettura che i secoli hanno forgiato.

Inspira profondamente. Si lascia inebriare dall'odore, come fosse incenso. L'energia di quel posto per un momento la sconvolge. Le scombina i pensieri. Accanto alla determinazione ora nella sua testa vorticano preghiere. Canti di gratitudine. Come un pellegrino, dopo un viaggio lungo quanto la sua stessa vita, Arteria sta per accostarsi all'altare.

Ma a interrompere quelle sensazioni celestiali sono due risate.

Una, cristallina, è della ragazza in costume settecentesco. Si è sollevata la gonna per poter salire sul palco, con l'ingombro fuori misura dell'abito. È inciampata sull'ultimo gradino, e per poco non cascava. È stata una scena buffa, proprio da commedia dell'arte, ma il provino non era ancora iniziato. Forse è stato questo contrasto a farle scappare quel riso, come una scusa.

La seconda risata è quasi uno sbuffo. Irridente, spazientito. Viene dalla platea.

Arteria si volta. E rimane di ghiaccio.

L'assistente e il regista sono in prima fila, e anche loro sembrano infastiditi. In seconda fila, seduto a gambe larghe, c'è l'uomo che ha riso in quel modo sgradevole. Anche se di profilo, Arteria lo vede bene.

La giacca è aperta su una camicia bianca sbottonata, una catena d'oro brilla sui peli bianchi del petto. Con quella pancia prominente, pare un uomo sformato, buttato alla rinfusa sul sedile.

La fronte, lucida a specchio, ha come un segno, una specie di ruga profonda. L'attaccatura dei capelli grigi è talmente alta che in pratica è mezzo calvo. Il sopracciglio sinistro è folto e scuro, l'occhio grande e gonfio, all'infuori, come quello di un rospo. La mascella larga e cadente, coperta da una barba grigia e arruffata.

Sul volto ha una smorfia di disgusto. Il provino non è ancora iniziato, ma lui ha già deciso. Nel suo ghigno c'è il compiacimento di chi giudica al di sopra degli altri. Di chi può decidere la vita o la morte, ancor più che un provino.

La damina del Settecento sul palco è squadrata in un lampo di quell'occhio da rospo, da rapace, che saetta di qua e di là. L'ha misurata con la precisione di un costumista. Le caviglie, i polpacci, le ginocchia. I fianchi abbondanti, la vita tutt'altro che stretta. La scollatura che non nasconde il seno cadente, le spalle rotonde, il viso florido e inespressivo, i capelli crespi.

Si sporge in avanti verso il regista, e sentenzia: «Questa non è buona. È chiatta».

Quello scuote il capo, dispiaciuto.

Ha parlato a mezza voce, ma Arteria ha afferrato benissimo. Ha riconosciuto ogni dettaglio di quello scambio di potere, trovandolo perfettamente corrispondente alle sue aspettative.

Si sente avvampare per quella povera ragazza, quando il regista le dice: «Allora, che cosa hai portato?». Il verdetto è già emesso, ma lui le lascia provare il suo numero, forse nella speranza di dimostrare qualcosa, di argomentare per ottenere una decisione d'appello.

L'uomo grasso torna a rilassarsi contro lo schienale della sedia, sicuro del fatto suo, disinteressato e annoiato.

Quanto alla ragazza, lei non si rende nemmeno conto che la vera capacità decisionale non ce l'ha il regista di cui tutti parlano: l'uomo che potrebbe farla diventare famosa non è l'astro nascente del teatro sul quale vuol fare colpo.

Invece Arteria ha sentito, ha visto. Ha capito.

La ragazza tentenna, impaurita davanti al momento che crede ancora sia quello decisivo.

«Il monologo di Mirandolina, dalla *Locandiera* di Goldoni. Riveduto e aggiornato da me.»

Ecco spiegato l'abito di scena, gli sbuffi, le balze, il décolleté, la cipria, l'acconciatura rococò.

«E jamme jà, ca facimm' notte» borbotta l'uomo in seconda fila.

Un inchino, e la voce di Mirandolina – una voce incrinata dal timore reverenziale – inizia a declamare:

«Se m'avessi sposato tutti chill' ca me vulevano a me, a quest'ora c'avrei millecinquecento mariti. Tutte l'uommene che entrano dint'a sta locanda, sissignore, tutti dal primo all'ultimo, s'annammorano di me. Tutti mi fanno ammuina, da matina a sera: *Mirandolì, come siete bella! Come siete buona, Mirandolì! Beato chi vi sposa, Mirandolì. E chi mi sposa a me?*»

«Te lo dico io: non ti sposa nisciuno» si alza la voce del grassone.

«Va bene per noi, ti ringraziamo. Basta così» la interrompe l'assistente.

La ragazza si blocca all'istante. Cerca lo sguardo del regista, che, imbarazzato, si rifugia tra le carte che ha in mano.

«Ma io...»

«Ti faremo sapere, grazie» insiste l'assistente.

«...non avevo finito, veramente. Signor regista, mi scusi.»

«Mi spiace, è andata così» dice il regista a denti stretti, senza alzare la testa.

Qualcosa si spezza, nel volto incipriato di Mirandolina, e nel cuore dell'attrice scartata. Raccoglie le gonne e lascia il palco, i passi pesanti pestati sulle tavole come ultimo segno di una protesta che non può avere appello. Il provino è finito.

Arteria ha assistito a quei pochi, inutili istanti, ma non ha tempo di dispiacersi per lei.

Si accorge di essersi già alzata in piedi, rispondendo all'invito.

Sale i tre gradoni e si porta al centro del palco, sotto i riflettori.

L'occhio cisposo dell'uomo grasso in seconda fila ora è su di lei. Le pesa addosso, ma non deve darlo a vedere. Di sicuro è sorpreso a trovarsi davanti questa bella ragazza in abiti così assurdi.

Ha notato la pelle luminosa, ha notato i suoi occhi di ghiaccio, limpidi, brillanti.

Sta valutando le sue curve, le proporzioni, stupito che una simile bellezza abbia scelto di presentarsi in maniera tanto sciatta. *A questa la voglio guardare*, starà pensando. Si accarezza la barba, compiaciuto. Viscido.

Ma ad Arteria non importa cosa pensa.

«Benvenuta, cara» le dice il regista, la voce bassa, dal diaframma, profonda e ampia come una casa accogliente. «Dicci un po' di te, presentati.»

«Mi chiamo Arteria» scandisce lei.

È salda. È sicura di sé. Rilassata no, però concentrata. Guarda fisso in un punto oltre le sedie, in alto.

Dalla porta laterale l'assistente fa entrare altri tre attori da provinare. Forse in fondo alla platea c'è qualcun altro. Magari nella cabina di regia c'è un tecnico delle luci davanti alla consolle, e ogni tanto getta un'occhiata. Resteranno parecchio sorpresi. Tutti.

Su questo non c'è dubbio.

«Originale davvero. E perché questo nome?» fa il regista.

«Perché devo arrivare al cuore» risponde lei, fredda.

Esita un attimo, poi si produce in un inchino, fluido,

cerimonioso, quasi comico. Si ricompone, mani sui fianchi, e ora lo guarda negli occhi, lo sfida apertamente.

L'uomo grasso le sorride, malizioso, ha raddrizzato la schiena e si è tirato su a sedere più composto. Attento. La studia con un interesse morboso, non come un'opera d'arte, ma come fosse una pastarella nella vetrina della pasticceria del centro. È evidente che non ha ancora compreso chi è la ragazza che si trova davanti.

Anche il regista la guarda con interesse, seguendo tutti i suoi cambi d'espressione. Vede un'aspirante attrice che ha del potenziale, sicuramente. Ma qualcosa gli sfugge, qualcosa che non riesce a mettere bene a fuoco. Forse l'ha già vista da qualche parte?

Dopo qualche istante di silenzio, le dice: «Mi piace la tua energia. Hai già lavorato in teatro?».

Ci siamo, pensa Arteria.

«No. Anzi, sì e no.»

«In che senso? Hai fatto delle esperienze in teatro oppure no?» Non c'è rimprovero nella voce, solo sincera curiosità.

«Ho avuto delle esperienze, ma non esattamente in teatro. Ho fatto un provino, una volta, ma non è andato come doveva andare.»

Il regista annuisce, e di nuovo tace per un lungo momento, incerto, dubbioso. I capelli, i vestiti, la voce, non gli dicono nulla. *Arteria*, poi, che razza di nome... è sicuro di non averlo mai sentito.

«E che cosa ci fai vedere, cara? Hai preparato un brano del tuo repertorio? Shakespeare? Pirandello? De Filippo?»

«No. Ho portato un pezzo mio.»

Arteria si avvicina al boccascena. Il suo volto è illuminato solo a metà dall'occhio di bue. Luce e ombra. Così dev'essere.

Il regista dice: «Molto interessante. Vediamo, allora. Mostraci di cosa sei capace».

L'equilibrio è cambiato. Ora sia il regista che l'uomo grasso pendono dalle sue labbra.

Tre passi avanti, ancora, e Arteria è sul bordo del palcoscenico. La recita può cominciare.

Allarga le braccia, gli occhi puntati verso l'alto, verso gli spettatori immaginari alle gallerie, ai piani superiori. Abbraccia ogni angolo di quel luogo.

«Quanto è bello il teatro» dice, con la voce raggiante.

All'uomo grasso scappa uno sbuffo di scherno. Arteria lo guarda, e lui cambia espressione di colpo, spegnendo anche il sorriso di circostanza.

«Ma io non lo sapevo che non era tutto qua dentro, il teatro. Che c'era un altro mondo, dietro. Dietro il sipario, dietro le quinte. Un mondo nascosto agli occhi del pubblico, lontano dal palcoscenico, dove le luci non arrivano. Otto anni fa l'ho scoperto. Otto anni fa sono salita per la prima volta su questo palco per fare un provino. Ero una bambina.»

Il regista si sposta sulla sedia, inquieto e rapito.

Arteria cammina lungo l'orlo del palco, ma ora tiene gli occhi fissi su di lui.

Mette il piede sul primo gradino.

«Quant'è bello il teatro! Da grande voglio fare il teatro!» Sta urlando, adesso, con una gioia nervosa nella voce. «Il teatro è tutta la mia vita!»

Scende giù di corsa gli altri due gradini, e si porta davanti al regista, come se anche lui fosse un attore della sua messinscena. È così, è proprio così, in fondo.

Lui si appoggia contro lo schienale della poltrona, inchiodato da quegli occhi chiari e violenti.

E poi, lentamente, Arteria si porta la mano destra sotto la maglietta, tira in dentro la pancia, le dita strette intorno al calcio della pistola.

Il regista non ha ancora capito, è immobile.

«Non mi chiamo Arteria» dice lei.

Estrae la pistola, tende il braccio e la punta dritto davanti a sé.

La canna è a meno di mezzo metro dalla fronte imperlata di sudore del regista, che ora annaspa, terrorizzato. Non riesce a parlare.

Eccola, la reazione che lei voleva. È giusto così.

Qualcuno grida, i pochi presenti in sala scappano, spaventati. L'assistente prova a farla ragionare, ma con due cenni del capo, senza neanche guardarlo, la ragazza lo persuade a togliersi di torno.

Quando l'uomo grasso fa per alzarsi, Arteria sposta il braccio e gli punta l'arma addosso. Lentamente, con entrambe le mani alzate, il vecchio si rimette a sedere.

Poi torna il silenzio. Un silenzio carico d'attesa.

Arteria non si muove di un millimetro. Il dito sul grilletto, pronto a fare fuoco.

«Io sono Vincenza Birillo. E sono qui per raccontare la mia storia.»

OTTO ANNI PRIMA

Capitolo 4

Nel minuscolo appartamento al piano terra di vicolo Cannone è una sera come tutte le altre.

Ciro e Carmela sono seduti a tavola in silenzio. Carmela ha scodellato nei piatti i maccheroni al sugo, e ora grattugia il parmigiano, muove la mano avanti e indietro, in automatico, come incantata. Non guarda il piatto, ha la testa altrove. Quando fa così potrebbe continuare all'infinito, avanti e indietro, avanti e indietro. Grattugiare fino a consumare tutta la polpa del formaggio, fino alla crosta, fino alle unghie finte laccate di rosa. Forse allora si riprenderebbe.

Come tutte le altre sere, Ciro è incazzato. Lui gli occhi li tiene fissi sul cibo, una forchettata dopo l'altra, come fosse il primo pasto di un uomo ridotto alla fame o l'ultima cena di un condannato a morte.

Il terzo piatto di pasta è sul tavolo, la sedia è vuota.

Carmela è più inquieta che mai, non ha mangiato manco un boccone. Si alza di scatto, senza incrociare gli occhi duri del marito, se ne va alla finestra e si appiccia una sigaretta.

Guarda il muro di fronte. Soffia la prima boccata di fumo in quella direzione.

Incastrato nell'angolo ci sta un dipinto di san Gennaro. Da come è piazzata la cornice, sembra che il santo stia evitando lo sguardo supplichevole di Carmela. Tra i pensieri che si inseguono nella sua testa ce n'è uno più forte degli altri, che dice: *Neanche i santi ti possono aiutare, Carme'*.

Il vicolo è deserto. Tutte le famiglie – chi ce l'ha una famiglia – sono dentro casa a cenare. Si sente l'eco dei televisori, sigle e jingle e slogan della pubblicità, filtrati dalle imposte chiuse. Fa freddo, ma Carmela non ha voglia di andarsi a prendere il giaccone proprio mò che si sta godendo la nicotina. Forse può bastare tirarsi su il bavero del cardigan.

C'è una figura che avanza dal buio, ma lei, assorta com'è, non la mette a fuoco nemmeno.

È un uomo, capelli e barba bianchi, potrebbe avere sessant'anni come novanta. Piegato dalla fatica e forse dal peso dei ricordi e della saggezza che ha accumulato vivendo. Avanza zoppicando, un bastone per sorreggersi in una mano e un sacchetto della spesa nell'altra.

Quando arriva a due passi da Carmela lei è ancora voltata dall'altra parte, non ha sentito i suoi passi, e nemmeno il ticchettio del bastone sul basolato.

«Ma ti conviene e fa' sta vita, sì 'e stai accussì?» La voce è raschiata da decadi di sigarette, fa sussultare la donna alla finestra.

«Buonasera don Alfonso, non vi avevo visto.»

«E che ci vuoi fare? Quando uno sta ansioso, guarda tutto ma non vede niente di quello che ci sta intorno. L'ansia è la scazzimma del diavolo.»

«È la vita che fa schifo.»

«La vita? E quale vita? La mia, la tua o quella reale?»

«Che vuo' dicere quella reale?»

«Chella che sta fuori dalle nostre scatole craniche.»

Carmela soffia via l'ultimo tiro, innervosita. «Don Alfò, io non vi sto capendo e non tengo neanche voglia 'e chiacchierà.» Si aggrappa ai battenti delle persiane e le tira indietro per chiudersi dentro casa.

«Santa sera, nennè» la saluta il vecchio. Poi riprende la sua camminata lenta, laboriosa. Pochi passi, e dal portone esce difilato un ragazzino, gli taglia la strada.

«Buonasera don Alfò» grida il bambino. «Song ie, Gaetano! Ma che? Non mi avete riconosciuto? V'avite mise a ppaura?»

«Non m'aggio miso a ppaura» dice don Alfonso a denti stretti. E poi, alzando la voce, tanto che Carmela pensa stia parlando più a lei che al ragazzo: «'A paura è solo 'na fantasia».

Chiuse le imposte, Carmela resta lì. Un brivido le scuote i lunghi capelli castani. Le labbra carnose sono strette strette per la tensione. Sul suo viso è scesa un'ombra: ha ventotto anni, ma se ne sente addosso cinquanta.

«Chi era?» domanda secco Ciro.

«Niente, tutto a posto.»

Ma che è una risposta, quella? Ciro lo sa che sua moglie è una bella donna: per questo la deve tenere d'occhio. Nessuno si deve azzardare ad avvicinarla, è una cosa sua. Ripete: «Ho detto: chi era?».

«Don Alfonso» sbuffa lei.

Allora non serve fare scenate. Lo sanno tutti che quello è un povero vecchio, che non tiene manco la pensione e che se ne va in giro seminando parole nel vento. Povero lui, e povero chi lo sta a sentire.

Bussano alla porta, e di nuovo Carmela fa un balzo. Scosta appena gli scuri e vede sua figlia dietro la porta.

Vincenza sa benissimo che ha fatto tardi, che a una ragazzina di dodici anni come lei, che dovrebbe fare la prima media, non è permesso restare fuori casa fino alle dieci passate di sera. Ma lei quando gioca a pallone non sente più passare il tempo. Quando si lancia in un'azione ci mette anima e corpo, tutta sé stessa. È per quello che ogni sera si prende cinque, dieci minuti sul coprifuoco che le impone Carmela. Le madri degli altri all'ora di cena si affacciano a chiamare i figli, ma Carmela no.

A lei Carmela non la cerca.

Perciò si sente libera, e si dimentica che l'aspettano per cena, mentre corre per fare l'ultimo cross, l'ultimo pallonetto, o mentre insegue l'attaccante avversario per bloccare l'ultima azione o mentre tira di punta per fare l'ultimo gol sulla saracinesca in fondo alla piazzetta.

Vincenza sa benissimo che ha fatto tardi, e che il coprifuoco è l'unica regola imposta dai suoi. L'unica per la quale deve aspettarsi una punizione. Perciò tiene gli occhi bassi, così nasconde anche il velo di sudore sulla frangetta. Aspetta la decisione della madre: la lascerà entrare? Oppure la butterà fuori di casa, come minaccia di fare ogni volta che si arrabbia con lei?

«Si tu? Jamm', trase» si limita a dire Carmela. Dal tono di voce le sembra persino un po' sollevata.

Non è andata male. Non è il più caloroso dei benvenuti, ma per Vincenza è meglio di tante altre volte, di tante altre serate fatte di rimproveri a muso duro.

Appena si siede, però, ancora il giubbotto azzurro addosso, Carmela le molla un ceffone a mano aperta. I capelli, lisci e lunghi come quelli della madre, le si scompigliano.

Si porta una mano alla guancia. È una sera come tutte le altre, quindi, altro che sollievo. Ha già vissuto centinaia di volte quella situazione. Vorrebbe piangere, ma ha imparato a trattenere le lacrime. «Ma c'agg fatto mò?» borbotta.

«Hai fatto tardi n'ata vota.»

«Ma non è vero!»

«E te si sporcata 'e scarpe n'ata vota!»

«Oh» interviene Ciro, brusco. «A vulit' fernì r'alluccà tutt'e doje? Vicè, vai di sopra, vatte a pulizzà 'e scarpe e dopo vieni a mangià.» Un tuono nella voce.

La bambina obbedisce, a capo chino, sale su per la scala stretta che porta alla stanza da letto.

Da sotto arrivano le voci dell'ennesima lite che si riaccende.

«E tu, invece e te sfogà cu figlieta, pensa alle cose necessarie» sbraita suo padre.

La risposta urlata di sua madre non la ascolta nemmeno, poi le due voci fanno a gara per superarsi, e l'unico modo che la bambina ha per nasconderle è accendere il televisore.

A quell'ora sul canale regionale va in onda la trasmissione comica di Tartariello e Michele. Vincenza li adora, la fanno morire dal ridere. Alza il volume sul telecomando, poi sputa sulla pezza e comincia a strofinare la pelle bianca delle scarpe da ginnastica.

Di sotto, bussano alla porta. Tre colpi rapidi.

A Carmela non serve domandare chi è. Sia lei che suo marito hanno capito, dallo schiocco della marmitta del motorino. Carmela schiude appena la persiana, e una mano si affaccia dentro casa tendendole un panetto avvolto nella carta da pacchi e nello scotch.

Cocaina. Da dividere in dosi. È questo il mestiere di Ciro e Carmela.

Quando lei afferra l'involto, la voce del corriere sibila: «M'arraccumann', mantenite i patti, che già vi stiamo facendo nu piacere».

Già, un piacere. Come se lei e il marito facessero la bella vita...

Poi la mano sparisce e con un'accelerata veloce il ragazzo si allontana via dal vicolo, via dal quartiere, chissà dove.

Carmela dà due giri di chiave, poi consegna il panetto al marito, che ha già preparato la bilancia di precisione e le bustine di cellophane da richiudere.

«Ma comme faje a te fidà e chisti cca?» gli chiede.

«A robba pe' mantenè a piazza ma raje tu?»

«E quanto tempo deve durare 'sto favore?»

«Mamma mì, tu proprio non 'o capisci comm se camp'.»

«Chest' nun è campà. 'O sanghe si mastica, ma non si sputa.»

Un altro proverbio. Ciro non la sopporta quando parla come quel rincoglionito di don Alfonso. «Oh, mi stai cacanno 'o cazz. Vaje a preparà nu secchio d'acqua dint' 'o cesso.»

Scocciata, Carmela si avvia verso il bagno, e sulla porta ci trova Vincenza, che è andata a riporre la pezza sporca.

La bambina le mostra le scarpe. La madre le esamina, come fosse questione di vita o di morte.

«Vabbuò» le dice infine restituendogliele. «Pigliati 'o piatto e vattenn' a mangiare di sopra. Lo sai che qua non ci devi stà mentre lavoriamo.»

Bussano di nuovo alla porta. Tre colpi secchi.

Questo non è mai successo prima. Carmela si sente gelare. Vincenza si blocca, tra le mani il piatto con i maccheroni impastati di sugo e formaggio.

«Oh, è ambress'» grida Ciro, senza alzarsi dalla sedia.

Altri tre colpi, secchi, insistenti.

«Oh, agge ritt' che è ambress'!» fa Ciro. Ancora non si smuove.

Arrivano altri tre colpi, ancora più forti.

A quel punto Ciro sbotta: «E che sfaccimm'» e si alza, rabbioso.

E tutto precipita.

Dietro la porta un ordine rompe il silenzio: «Polizia! Facci trasì! Apri questa porta!».

E il panico spezza la voce di tuono di Ciro, la riduce a un sussurro rivolto a Carmela: «Fa' ambress', forza, jette 'a robba. Muoviti!».

Carmela si riscuote, arraffa in fretta quel che trova sul tavolo e scappa in bagno.

Ciro grida in risposta ai colpi che continuano ad abbattersi sulla porta: «Un momento un momento! Aspettate un attimo, muglieram sta nuda, sta dint'o bagno!».

In quel caos che si è scatenato in un lampo, Vincenza è rimasta immobile, paralizzata, la bocca aperta per lo stupore e il terrore. Ha ancora le dita strette intorno al piatto con i maccheroni, la sua cena ormai congelata.

«Apri, forza! Apri o buttiamo giù la porta!» gridano da fuori. E Ciro si agita, avanti e indietro per la cucina, nasconde la bilancia nello stipo, cerca di qua e di là se gli è sfuggito qualcosa, una bustina, un poco di polvere bianca che sarebbe la loro condanna. Tutto, tutto, gli sembra che sia stato tolto tutto. Il resto è nelle mani di sua moglie.

In quella maledetta casa al pianterreno di vicolo Cannone lo scarico del cesso non funziona. Sotto gli occhi pieni d'ansia di Carmela il secchio ci mette una vita a riempirsi. Lei sta tremando, mentre l'acqua sale, lentamente, troppo lentamente.

Allora lo molla lì e svuota il panetto nel buco del cesso, rovescia la carta e la polvere bianca scivola come farina sulle pareti di ceramica incrostate di calcare.

Intanto i poliziotti hanno sfondato e si riversano dentro. Quanti sono? Cinque? Sei? Vincenza non riesce nemmeno a contarli. Ha la bocca secca, e la sensazione di non avere più le palpebre da tanto tiene gli occhi spalancati.

Ciro li trattiene imprecando, quelli lo ignorano e si scambiano incitazioni e ordini, rapidi, decisi: «La robba adda stà dint'a casa, forza» e «Cercate nei cassetti, nei cassetti, avanti».

Vincenza è una statua di sale. Osserva quegli uomini in divisa impossessarsi della cucina, accerchiare suo padre e chiuderlo in un angolo. Non c'è niente che lei possa fare, e nessuno sembra badare a lei.

E poi, scansandola, due poliziotti si fiondano in bagno, uno afferra Carmela per i polsi e la trascina via, mentre l'altro chiude l'acqua e chiama: «L'avimm'attruvata! Venite cca».

Dal suo punto d'osservazione, tremante, Vincenza corre con gli occhi di qua e di là. Da una parte intravede il secchio pieno a metà, la polvere bianca in terra, sotto gli stivali dei poliziotti che accorrono, dall'altra Ciro e Carmela che cercano di divincolarsi dalla stretta degli agenti.

«Bene, bene, bene» fa quello che sembra il più alto in grado, dando le spalle a Vincenza, una volta di più è come se lei non esistesse, come se fosse lì e nello stesso tempo lontana chilometri, una spettatrice di cui nessuno si accorge.

«È inutile ca facit' accussì. Avimm' truvato chell' ca stevem' cercanno.»

Ciro e Carmela professano quasi in coro la loro innocenza.

«Ma nui nun c'azzeccamm nient!»

«Ve lo giuro, l'avimm' truvata accussì! Cca for, n'terra.»

«Questo lo spiegherete al giudice. Ammanettateli e portateli via.»

«E ’a criatura?» fa Carmela. «Alla criatura non ci pensate?»

«La prendiamo in carico noi» bercia un altro agente. «Sicuramente meglio di come avete fatto voi.»

A Vincenza le gambe non reggono più. Fa per sedersi a tavola. Avrebbe ancora un piatto di pasta da mangiare. Solo a guardarli, i maccheroni le danno la nausea.

Le urla tutto intorno continuano, nel rumore di cassetti rovesciati e mobili svuotati.

Vincenza ha le vertigini. Si sente svenire.

Buio.

Capitolo 5

Stamattina Gaetano se ne sta tutto solo nella piazzetta Trinità degli Spagnoli.

È un quadrato d'asfalto talmente piccolo che non ci puoi nemmeno fare inversione con la macchina, figuriamoci parcheggiare. Qui se capita che si incrocino due automobili il tempo cambia, i secondi non scorrono come al solito, no, tutto diventa denso come la pummarola buona. Ci possono volere cinque minuti oppure un'ora per trovare la combinazione giusta tra lamiera e lamiera, mentre infuriano colpi di clacson e sgasate, mentre in strada qualcuno si improvvisa vigile urbano e organizza le manovre gesticolando, con le vecchie che urlano consigli e insulti dal loro posto in prima fila, dall'alto dei balconi. Poi finalmente qualcuno imbrocca la manovra giusta e riesce a conquistare quei pochi centimetri a specchietti chiusi e sgommando si precipita via, fuori da quella congestione, ringraziando Dio o imprecando contro il cielo.

Alle dieci di mattina, però, la piazzetta è sempre deserta. I bambini sono a scuola, i ragazzi e gli adulti sono già andati a faticare. Ogni tanto passa una signora di ritorno dalle bancarelle del mercato o della pescheria, portandosi dietro l'eco dei prezzi urlati, dei venditori che esaltano la loro merce, delle donne che trattano.

A Trinità degli Spagnoli, invece, i rumori sono tutti attenuati. Un cardine che cigola, una persiana chiusa con rabbia, i panni stesi ad asciugare che sventolano come bandiere prendendo quel poco di brezza che sale dal mare. Le quattro mura scalcinate che fanno il perimetro sono ricoperte di graffiti, le scritte già erano tutte confuse quando sono state fatte e ci mettono poco a diventare incomprensibili, si accavallano le une sulle altre e scivolano sotto quello che rimane di strati e strati di colla, inchiostro e carta. Manifesti strappati se ne stanno lì come cicatrici lasciate da nessuno, come messaggi dentro una bottiglia andata in frantumi.

Un cassonetto strapieno, in un angolo. Accanto, una porta di legno in cima a due gradini di marmo, in un palazzo che pare vecchio come Napoli stessa. Gaetano si siede lì con Vincenza, in pizzo al primo scalino, tutte le mattine. Perché tutte le mattine fa filone. È allergico alla scuola dal primo giorno, gli è bastato vedere che la sedia era troppo stretta per il suo corpo fuori misura, che il banco era troppo piccolo pure per appoggiarci tutte e due i gomiti. E allora basta, inutile insistere. Tanto sua madre gliel'ha già detto e ripetuto che tempo un anno lo mette a servizio da zio Nino 'o Meccanico. Non è mai troppo presto per imparare un mestiere.

Oggi però Gaetano è da solo.

Abbassa lo sguardo sulla pizza fritta, calda, ancora avvolta nella carta. L'odore è forte, irresistibile, si mescola ai mille altri profumi di cibo – fritto, soprattutto – che si respirano un po' ovunque, a ogni ora, in città.

Non ha scartato la sua pizza, ma non per il pensiero del lavoro. A fargli passare la fame è la preoccupazione per Vincenza.

Tutto il quartiere lo sa che la polizia è entrata a casa sua, che l'hanno messa sottosopra e che si sono portati via i suoi genitori. Le urla si sentivano fino a Posillipo. Qualcuno racconta che gli agenti hanno sparato tre volte, che ci stanno i buchi sul muro grossi così. Qualcuno dice che hanno sequestrato un chilo di cocaina, e che ormai, dentro o fuori dal carcere, quei due hanno finito di campare. Qualcuno dice che hanno arrestato tutta la famiglia e li hanno spediti direttamente a Poggioreale.

Certo, le voci le ha sentite pure Gaetano. Però non ci crede. Non a tutte, almeno. Impossibile che hanno arrestato pure Vincenza. È una ragazzina. Mica si va in carcere alla loro età.

Oppure sì?

Fatto sta che le imposte di casa Birillo erano chiuse, stamattina, quando Gaetano è passato di là. Come se in casa non fosse rimasto nessuno. Ma che fine ha fatto Vincenza? Che è successo ai suoi genitori?

Per la terza volta Gaetano afferra la carta della pizza fritta, e per la terza volta non riesce a srotolarla. Niente, non è cosa di mangiare.

Poi, da dietro l'angolo, una lattina di birra, vuota e

ammaccata, rimbalza sull'asfalto. Qualcuno deve averla gettata malamente per terra, senza manco tentare di fare canestro nel cassonetto.

Si sporge un po' per vedere chi è stato.

Ed ecco che un paio di scarpe da tennis, piccole e bianche, immacolate, si avvicina rapidamente alla lattina. *Tlanck*, un calcio tirato come si deve la spedisce davanti ai piedi di Gaetano.

È Vincenza.

«Lo sapevo che ti trovavo qua.»

«Ohi, Vincè! Ma che è successo?»

«Un bordello esagerato, Gaetà.»

«Patet' e mammeta?»

«Nun o saccio. L'assistente sociale dice che sono in questura.»

«E allora tutti quegli spari?»

«Ma quali spari e spari? Quella è donna Sarina, che sta di fronte a noi, che si inventa balle per impressionare la gente, perché deve fare la povera vittima. Senti a me, che c'ero. Non ha sparato proprio nessuno.»

«Però alluccavano tutti come pazzi, che si sentiva a Capodimonte. È vero o no?»

«Quello sì.»

Vincenza si siede accanto all'amico, costringendolo a spostarsi per farle posto.

Anche lei ha l'aria triste, imbronciata. Il suo sguardo segue un filo che penzola poco lontano, è un paniere che scende dall'alto. Una vecchia, dal suo balcone, lo cala piano, con attenzione. Come se celebrasse un rito. Dall'altra parte della piazza, un'altra donna, ancora più anziana, fa la stessa cosa. È così che si passano messaggi, oggetti e anche segreti, nel quartiere. Nel giro di cinque minuti, dei ragazzini arrivano di corsa, mettono qualcosa dentro ai panieri, e le vecchie tirano su, come dei pescatori che hanno avuto fortuna.

Vincenza, ancora rapita dalla danza dei fili e dei cesti, fa un cenno della testa, a indicare l'involto sulle gambe di Gaetano, e poi agita la mano con le dita chiuse a pigna, in cerca di spiegazioni.

Lui abbassa lo sguardo ed è come se vedesse la pizza per la prima volta. Istantaneamente gli torna l'appetito, sente addirittura l'acquolina in bocca. «Vuoi un morso?» Senza pensarci due volte, la tira fuori dalla carta, l'odore buono si spande nell'aria, e fa per spezzarla, così da dividerla con Vincenza. «Facciamo a metà?» chiede.

Ma lei scuote il capo, senza dire niente.

E mentre Gaetano azzanna e mastica, lei si china e allunga la mano verso la scarpa destra, alla ricerca del punto esatto in cui ha colpito la lattina per farla rotolare fino a lì. C'è un segno, infatti, una macchiolina scura.

«E mò?» le domanda Gaetano, a bocca piena.

«Che cosa mò?» Vincenza sfiora delicatamente il segno con l'indice.

«Dico: tu che fai mò?»

«Me lo devono dire ancora.» E poi, quasi sottovoce, aggiunge: «Intanto so' scappata».

Si mette a strofinare forte con il polpastrello sulla pelle bianca della scarpa, ancora e ancora, sperando di cancellare il segno. Di cancellare ogni macchia.

«Che vuò ricere?» domanda Gaetano, spalancando la bocca mezza piena.

In quel momento due uomini attraversano l'altro lato della piazzetta, parlando fitto fitto tra di loro. Non si accorgono neanche dei quattro piccoli occhi che li osservano dal gradino di marmo di uno degli usci.

Pochi passi, e i due, voltato l'angolo, spariscono.

«Oh, ma li hai visti?» dice Vincenza, tutta agitata, scattando in piedi.

«Ma chi? Chilli duje?» risponde lemme lemme il ragazzino.

«*Chilli duje?* Guarda che sono famosi. Tartariello e Michele, hai capito chi? Fanno scene in televisione e spettacoli in teatro. A me mi fanno schiattà dalle risate.»

Gaetano si stringe nelle spalle. «Io nun l'aggio maje visti.»

«Certo che dev'essere bello fare l'attore» sospira Vincenza.

«Ma che ne sai? Sei mai stata a teatro tu?»

«No, però 'o vulesse verè. Mi piacess' proprio.» E poi di colpo un'idea le si accende in testa, una folgorazione. «Seguiamoli, Gaetà!»

«Non sappiamo neanche dove se ne sono andati! E poi, che ci trase mò? Prima dici che tu...»

«Stanno andando a teatro, sicuro. Sono attori, dove devono andare sennò? Al municipio? Jammuncenn', jà.»

«No, ma che, nun tengo proprio genio» fa lui.

È sempre così. Se non è per tirare calci al pallone o per andare a mangiare, chi lo schioda Gaetano?

Vincenza lo afferra per la mano – quella libera dalla pizza, altrimenti chi lo sente – e lo trascina in piedi, anche se lui è più alto e pesa il doppio di lei.

«Jammuncenn', jà. Andiamo a vedere gli attori veri» insiste.

È sempre così. Dopo un po' di storie e dopo essersi fatto pregare, alla fine Gaetano si lascia convincere. La segue, sulle tracce dei due teatranti. Un ultimo tentativo, non troppo convinto, per cercare di fermare l'amica: «Papà, prima di andare in comunità, mi diceva sempre che gli attori sono tutti tossici, pazzi e comunisti».

«Ma quando mai» taglia corto Vincenza. «Ma poi, che vo' ricere comunisti?»

«E che ne so? Ma adda esse 'na cosa brutta assai, se faceva schifo pure a patem'.»

Ritrovare i due attori e pedinarli non è difficile, le loro voci profonde risuonano tra le mura dei vicoli.

Un paio di svolte e Vincenza e Gaetano li vedono salire le scale verso il Teatro del Rione, come recita l'insegna di legno, a grandi lettere rosse dipinte sul bianco.

Davanti al doppio portone d'ingresso, il custode si fa incontro agli attori e li saluta con grande deferenza, poi tiene loro aperto il battente e con altri cenni del capo li accompagna verso l'interno, quindi, tutto sorridente, ricomincia a spazzare.

I due bambini si scambiano uno sguardo dubbioso. Un'espressione di meraviglia incurva le labbra di Vincenza. E ora?

È di nuovo lei a prendere l'iniziativa. Afferra l'amico per la manica e lo trascina verso il teatro. Non può sperare di fare l'attrice se ha paura di recitare, no? E quindi si va in scena: l'idea è provare a varcare la soglia con la stessa indifferenza con cui l'ha visto fare ai due attori, approfittando del fatto che il custode sta girato di spalle. Sicura di sé come una regina.

Solo che quello li ha visti e li ha sgamati con una sola occhiata. Si volta, scuro in volto, e agitando la scopa di saggina rende chiare le sue intenzioni.

«Il teatro è chiuso» dice, per fugare ogni dubbio.

Vincenza poggia comunque la mano sulla porta, fingendo di non aver sentito.

«Dico a te, piccerè. Jatavenne, jà.»

Stavolta è Gaetano a trascinare via l'amica, che si lascia condurre controvoglia.

Ma Vincenza non si scoraggia. Con uno strattone si libera dalla stretta di Gaetano e poi, a braccia conserte, studia la situazione. Il custode non schioda, ma basterebbe distrarlo per avere libero accesso. Ci vuole un piano...

Guardandosi intorno, nota una macchina parcheggiata in doppia fila, pochi metri più avanti, davanti a una delle uscite di sicurezza del teatro. Vincenza fa segno a Gaetano di seguirlo, e quello, sbuffando, le arranca dietro. Fanno il giro largo, per uscire dalla visuale del custode e poi, a passi felpati, piegati sulle ginocchia, si avvicinano alla macchina in doppia fila.

Vincenza prova ad aprire la portiera ma niente da fare, è chiusa. Allora sbircia dentro e si accorge che il finestrino è un poco aperto, non di tanto, ma abbastanza perché il braccio sottile di una bambina possa infilarsi e arrivare fino al volante, fino a premere con forza il clacson.

Beep! Beep! Beep!

E poi via, di corsa, a testa bassa, Vincenza e Gaetano girano intorno all'auto, e si affacciano sul marciapiede per controllare i movimenti del custode.

Il diversivo è riuscito. Lo vedono sporgersi in avanti, guardare a destra e sinistra per capire cosa sta succedendo, e poi eccolo che scende, ancora con la scopa in mano, e si incammina verso l'auto.

«Andiamo!» ordina Vincenza con un sussurro deciso, e corre insieme all'amico verso il portone del teatro.

Sono pochi metri, possono farcela, sì, Vincenza ce la fa, si fionda dentro, ma Gaetano è più lento, e il custode si accorge dello scatto con cui afferra la porta per entrare.

«Ehi!» grida. «Fermatevi!» e si lancia all'inseguimento.

«Corri Gaetà, corri!» incita Vincenza.

Dentro è tutto buio, ma in fondo una luce proviene da una stanza e allora la bambina fa dietrofront e prende a correre in quella direzione. «Di là, presto!» dice all'amico, che ancora fatica a starle appresso. L'esitazione è stata fatale, però, ora i passi e le urla del custode riecheggiano nel foyer vuoto, sempre più vicini.

Finché, quasi nello stesso momento, i bambini irrompono nella platea, e il custode li afferra entrambi per le spalle.

«Vi ho preso, maledetti» grida l'uomo.

«Ahia» fa Gaetano.

«Lasciami» strilla Vincenza.

«Oè!» urla un'altra voce dal buio, da lontano, da sopra il palco. «Che è 'sto casino?»

«Scusate, si sono voluti infilare per forza» si giustifica il custode.

«Ma quando mai?» sbotta Gaetano, con il fiatone. «Chella è essa, che stammatina s'è scetata ca vò fa l'attrice.»

«Volevamo vedere il teatro» prova a dire Vincenza.

«E mò che l'avete visto, jatavenne» interviene di nuovo il custode.

«No, aspè, aspetta un attimo» fa la voce del palco, più vicina.

Appena l'uomo scende dal palco, la ragazzina lo riconosce immediatamente. È Tartariello in persona!

Alto, spalle larghe, una barba curata che accompagna un volto tondo, sorridente e buffo, ancora più buffo che in televisione. «Davvero tu vuoi fare l'attrice?»

Vincenza risponde a occhi bassi, intimidita: «Sì. Non lo so. Forse. Mi piacess'».

Tartariello le tocca il mento per raddrizzarle la testa. «Allora?» le chiede.

«Ma nun aggio mai fatto 'e recite» confessa la ragazzina.

Tartariello annuisce. «Ora però noi dobbiamo fare le prove, se vi mettete seduti, zitti e buoni, potete restare. Senza fare casino.»

Poi fa cenno al custode di lasciar perdere, e mentre quello si allontana borbottando, accompagna i giovani ospiti alla prima fila.

Portandosi un dito davanti al naso ribadisce il mandato del silenzio, quindi risale sul palco e sparisce nel buio dietro le quinte.

Vincenza e Gaetano si guardano intorno meravigliati, agitandosi sulle sedie di legno. È la prima volta che vedono un posto del genere e anche se è un piccolo teatro di periferia ai loro occhi diventa enorme, favoloso. Il soffitto alto alto, tutte quelle sedie vuote, il velluto del sipario, le tavole di legno impolverate del palcoscenico – poco al di sopra dei loro nasi – le luci che illuminano la scena e lasciano la platea e il resto del mondo nel buio e nel silenzio.

Gaetano sbadiglia, annoiato. Vincenza invece è elettrizzata, a bocca aperta dallo stupore, in attesa.

Poi la prova ha inizio.

Prima si accende un tondo di luce ancora più forte degli altri, e lì si va a sistemare l'altro attore, Michele. Si è cambiato d'abito. Ha un completo elegante e un cappello come quelli dei maghi, nero e alto.

«Gentilissime signore e gentilissimi signori, benvenuti al Teatro del Rione! Soltanto per voi, questa sera abbiamo un ospite veramente eccezionale! Un attore grandissimo, che vi delizierà con una bellissima poesia. Vi farà assaporare la bellezza dei testi, vi gusterete una magnifica...»

Affacciandosi dall'ombra al lato del palco, Tartariello lo interrompe in un sussurro che pare urlato: «Ma quale *gustare assaporare assaggiare*, Michè! Ma che sto purtann' 'o buffet?»

Voltandosi verso di lui il presentatore risponde con lo stesso tono: «Statti zitto, non ci sta nessun buffet». Poi, tornando a guardare un punto alle spalle di Vincenza e Gaetano: «Signori e signore, Tartariello!».

«Buonaseraaaa» esclama l'attore, avanzando fino a rientrare nel grande cono di luce. Anche lui si è cambiato d'abito, ma ne è uscito fuori un completo decisamente ridicolo: una giacca verde scuro con delle spalline enormi, dei pantaloni rossi, gonfi e corti, un gilet giallo. Pare il jolly delle carte americane. Solo a vederlo i bambini scoppiano a ridere, e ancora ha pronunciato solo un saluto, niente di più.

«Vedete, lo dico per i pochi di voi che ancora non lo conoscono, Tartariello ha calcato i migliori palcoscenici d'Italia. È vero?»

«Sissignore. Ho cacato sui migliori palcoscenici d'Italia.»

Le risate dei due soli spettatori bastano a riempire l'aria immobile del teatro vuoto.

Va così per tutto il numero – Vincenza è rapita dalla scena, dai movimenti, dalle luci. Persino le battute che già conosce le sembrano diverse, cambiate, nuove.

È deliziata, e quando i due attori finiscono si spella le mani per applaudire.

Michele e Tartariello fanno un inchino profondo verso la platea e verso i due bambini, quindi si rilassano e scendono a parlare con loro.

«Allora, vi è piaciuto?» chiede Michele.

«Siete bravissimi» dice Vincenza.

Si volta a controllare Gaetano, che ha ripreso in mano gli ultimi bocconi di pizza fritta. Con una manata lo richiama.

«Bravi, bravi» mormora lui, poco convinto.

«Ma perché si fa l'inchino?» chiede la bambina.

«Perché devi sempre ringraziare il pubblico alla fine dello spettacolo» dice Michele.

E Tartariello spiega: «Tu pensa che la gente ha un milione di pensieri più importanti per la testa. Ma proprio in quel momento guarda solo te, pensa solo a te e ascolta solo te».

Vincenza per un attimo è sommersa dall'onda dei suoi, di pensieri...

«È normale, quelli hanno pagato il biglietto» osserva Gaetano, strappando un sorriso ai due attori.

«Pure per quello, certo» ribatte Tartariello. «Ma il fatto è che il teatro è magico.»

«Per questo voi tenete 'o cappello da mago?» fa Gaetano.

«Il cilindro?» dice Michele, togliendoselo dalla testa. «No, non è questo che fa la magia.»

E Tartariello: «Voi li avete visti i nostri sketch in televisione, sì?».

«Io li vedo sempre, mi fate schiattare dalle risate» salta su Vincenza.

«E però a teatro è un'altra cosa, non è così?»

La bambina fa sì con la testa.

«E lo sai perché? Perché in tv vedi la scena già bella e fatta, dopo che è stata registrata. In teatro invece la vedi mentre viene creata. La magia è questa. È trovarsi nello stesso momento in cui si svolge l'azione. È questo che ti trasporta in un altro mondo, in un'altra realtà».

Vincenza è deliziata da quella spiegazione. Subito, però, qualcosa di molto cupo e reale le attraversa la mente, e un'ombra cala sul suo volto.

Tartariello se ne accorge. «Nennè, ma che r'è?»

«Posso venì tutti i juorn' qua?» chiede, di nuovo a occhi bassi.

«Ma tu non vai a scuola?»

«Ogni tanto» risponde lei, candidamente.

Tartariello sospira. «Allora fai una cosa, tu vacci tutti i giorni, poi quando esci da scuola vieni qua da noi. Però ci devi andare tutti i giorni, eh? Mi raccomando.»

«Grazie assai!» esclama entusiasta Vincenza.

Michele e Tartariello spostano lo sguardo su Gaetano, provando a strappare anche a lui la stessa promessa.

Ma lui scuote la testa, deciso. «Che c'entro io? Io faccio filone pur' 'a ddummeneca.»

Capitolo 6

Sulla strada di casa, Vincenza e Gaetano camminano silenziosi.

Sul volto della bambina si alternano espressioni assai diverse. Di tanto in tanto accelera per poi voltarsi verso l'amico, sorridere a trentadue denti e urlare «Buonaseraaaa» imitando l'intonazione e i movimenti di Tartariello.

Lui, strascicato e pesante, insegue il filo di un pensiero che, messo da parte per qualche ora, è tornato a ingarbugliarsi nella sua testa.

«Vincè... stamattina hai detto che sei scappata. Ma da dove, dal carcere?»

«Macché. La signora dei servizi sociali m'ha accompagnato a casa per prendere un cambio e fare la valigia.»

«E che? Devi partire?»

«Ma quann' mai, Gaetà. Dice che stann' cercann' una sistemazione. Nun saccio manco che vò ricere. Ma come quella s'è infilata in casa, io me n'aggio fujute e song' venuta cca.»

«Hai fatto bene, piccerè.»

Per un po' Gaetano sta zitto, e Vincenza comincia a provare la mossa dell'inchino come l'ha vista fare sul palco, unendo i piedi, abbracciandosi il fianco con il braccio destro, lanciando indietro il sinistro e piegandosi in avanti senza perdere l'equilibrio. Non le riesce aggraziato come vorrebbe. Riprova, stavolta atteggiando anche il volto a un sorriso esagerato come quello di Tartariello.

«Ma comme maje s'hanno purtat' 'a mammeta e a patet', Vincè?» fa Gaetano.

«Che?» risponde, da sotto in su, la bambina.

«Li hanno seguiti?»

«Ma no. Ajer nun ce stava nisciun' dint' 'o vico, 'o ssai pur' tu.»

«Certo che è strano, no?»

«Che cosa è strano, Gaetà?»

«Che hanno beccato proprio a loro.»

«E perché? So' stati sfortunati.»

«Non è che qualcuno ha fatto la spia?»

«Sì, 007, Gaetà. Lasciamm' perde.» Le immagini della serata tornano a scorrere veloci nella testa di Vincenza. Il corriere che consegna il pacco, i suoi che si mettono all'opera litigando, poi i colpi alla porta, l'irruzione dei poliziotti che trovano quello che stavano cercando... «Però...»

«Che c'è, Vincè?»

«Secondo te, per chi lavorano mammà e papà?»

Gaetano tace, inseguendo i suoi pensieri.

«Nun 'o saje?»

«Eh, no.»

«Dint'a ogni quartiere ce sta nu boss. Mio padre dice

che qua, in certe cose, o si lavora con don Tonino lo Sfregiato, oppure si lavora contro di lui.»

Vincenza si blocca, il braccio sinistro all'indietro, il braccio destro stretto alle costole, il busto inclinato in avanti di qualche grado. Il finto sorriso smorzato.

«Che c'è?» insiste Gaetano.

«Niente. Io non lo conosco lui.»

«E manco io. Mio padre sì, perché lui conosce a tutti.»

Nel silenzio che segue, Vincenza alza lo sguardo. Non vede né le stelle né la luna, ma un velo piatto e grigio, uniforme, liscio come il fondo di una teglia d'alluminio. È calata una sera di piombo sul cielo di Napoli.

Possibile? Quante ore sono passate senza che se ne rendesse conto?

Ma il cielo non mente. Qualsiasi bambino sa cosa significa il tramonto, glielo spiega quell'innocenza istintiva che confina con il senso di colpa: si è fatto tardi, è ora di tornare a casa. Solo che lei non sa più qual è la casa a cui dovrà tornare.

L'unica sua speranza di capirci qualcosa è la signora gentile da cui è scappata con l'inganno...

«Mi sa che aggia turnà a casa» fa all'amico, quasi senza voce.

«Ciao, Gaetà!» E si scapicolla ancora prima che lui abbia il tempo di risponderle.

Ha più di un motivo per correre. Sono stati giorni di emozioni fortissime, di sorte imprevedibile e capricciosa che le ha lasciato il segno addosso. Dopo lo spavento e la rabbia, la casa sottosopra, le manette ai polsi dei suoi genitori e la notte in casa famiglia, ci sono state le risate a teatro, la gioia luminosa di una piccola speranza. E ora, mentre si affretta tra le stradine, le sembra di precipitare indietro verso un futuro buio e incerto.

La prepotenza della polizia, i colpi alla porta, il caos del momento in cui sono entrati a invadere le loro stanze. I suoi genitori senza alcuna difesa, e lei pure, ovviamente, tutti in balia di... di cosa? Non riesce ad afferrarlo bene con la mente, è qualcosa di maligno e di opprimente. Qualcosa di più spaventoso di un gruppo di uomini in divisa.

Ha a che fare con il mestiere dei suoi, questo è sicuro. Lo sa che spacciano droga, mica è scema. E che rischiano grosso. Ma bisogna pure arrangiarsi per vivere, e del resto se avevano i soldi non stavano certo al piano terra di vicolo Cannone.

L'angoscia nella voce di suo padre le torna nelle orecchie, l'ansia di sua madre le brucia addosso più delle cinque dita che le ha stampato in faccia. Di quella manata, anzi, ricorda il suono e non il dolore. Un'eco che ora le rimbomba in testa, mischiata alle grida degli agenti, ai colpi sferrati alla porta, allo stridio dei mobili spostati, dei cassetti rovesciati, delle loro cose buttate in aria – e poi i passi pesanti verso le auto con i lampeggianti accesi, che li portavano via in tre direzioni diverse.

Chiude gli occhi per ricacciare indietro le stupide lacrime che affiorano, e scuote la testa per svuotarla di tutti quei suoni angoscianti.

Proprio in quell'istante, don Alfonso sbuca dall'angolo di vicolo Cannone, con il suo passo lento e strascinato.

Vincenza non l'ha visto, e quando se ne accorge è troppo tardi, gli finisce addosso.

Al vecchio scappa di mano il bastone da passeggio, ma

in qualche modo riesce a fermare la bambina e a impedire che finiscano a terra tutti e due.

«Piano, piano» borbotta.

«Scusate, don Alfò, ma vado proprio di fretta.»

Lei si china a raccogliere il bastone, glielo porge bruscamente.

Il vecchio la sta guardando fisso negli occhi, manco fosse un oculista. Le viene il dubbio di avere ancora il viso rigato di lacrime. Si passa la manica della giacca sulle palpebre, e tira su con il naso.

«Tutto a posto, nennè?»

A volte don Alfonso le fa rabbia. Ha tutta questa voglia di parlare, parlare, parlare. E invece lei non ha nessuna intenzione di aprire la bocca e lasciar uscire quello che ha dentro. Vuole spicciarsi, vuole ritrovare l'assistente sociale.

Ripete il gesto, avvicinandogli di nuovo il bastone, e finalmente don Alfonso si decide a darsi una mossa, allunga una mano e stringe quella di Vincenza.

«È inutile correre, nun 'o sai?» le dice, con un sorriso dolce.

Vincenza si libera della stretta e da quello sguardo. Risponde solo: «Stateve buon', don Alfò», si volta e riparte di corsa.

«Tanto il destino ti aspetta» le grida dietro lui, scuotendo il capo.

E come no, pensa la bambina. Perché lui sa tutte cose, come sempre. Ecco perché sua mamma gli dà retta ogni volta. Chiude gli occhi, perché sente tornare le lacrime: a sua mamma non vuole pensare.

Ma il piede destro perde la presa sul basalto umido,

e Vincenza finisce lunga in terra, senza avere il tempo di proteggersi il capo con le mani, riuscendo soltanto a voltare la faccia. Poi il tonfo e la botta, la fronte contro il nero duro e gelido del suolo, all'altezza della tempia.

Non si è fatta male, una fitta che dura un istante, ma il peso che ha sul cuore la fa scoppiare in singhiozzi. E pensare che era davvero a due passi da casa, ormai.

Si tira su, si guarda il giubbotto e i pantaloni. Per fortuna non ci sono macchie, niente per cui giustificarsi, con qualche smanacciata toglie la polvere. Osserva i piedi uniti, le scarpe bianche. Sulla punta della destra c'è una macchia rossa. Ne cade un'altra, si allarga sul tessuto bianco.

Allora si porta la mano sulla tempia: è umido. Si guarda le dita e capisce. Nella caduta dev'essersi fatta un graffio, e le sta uscendo il sangue.

Istintivamente sposta lo sguardo sulla porta, e vede che gli scuri sono aperti. La luce è accesa, dentro dev'esserci qualcuno.

Di colpo smette di piangere, rifiata.

Che succederà adesso? È davvero la cosa migliore per lei entrare? Oppure deve scappare ancora, correre via, correre sempre, per tutta la vita che le resta davanti?

Poi le tornano in mente le parole di don Alfonso. Le sembra quasi che il vecchio le abbia già dato la risposta a quella domanda precisa, che non si era ancora fatta. Sta a vedere che sa davvero tutte cose? Quel pensiero le strappa quasi un sorriso.

Fa un respiro profondo, e bussa, con delicatezza.

Capitolo 7

Una scheggia di basalto a forma di freccia, sottile e tagliente come la lama di un rasoio.

La dottoressa carina e gentile che l'ha estratta dalla tempia di Vincenza con mano sicura dice che in casi del genere è una fortuna avere la testa dura. Poi aggiunge, a mezza voce, che è stata una fortuna nella disgrazia.

La fortuna è che la ferita è superficiale, per ricucire sono stati sufficienti due punti di sutura: meno male che non è caduta di faccia, altrimenti ci avrebbe rimesso l'occhio...

La disgrazia, invece, è così enorme che nessuno la nomina ad alta voce davanti alla bambina.

Anche l'assistente sociale che l'ha presa in custodia è carina e gentile. Si vede che è una persona che ha studiato, perché infermieri e dottori l'ascoltano facendo sì con la testa senza replicare mai, e perché in mezzo a tutti quei camici lei invece ha la gonna e la giacca dello stesso colore, grigio scuro. Pure i capelli sono grigi, non da vecchia però, da professoressa.

È stata molto carina e gentile a portarla subito in ospedale. Appena se l'è vista comparire sulla soglia, ha cambiato espressione, rinunciando alla smorfia severa e alla ramanzina per la fuga improvvisa... Preoccupatissima, l'ha medicata alla buona e l'ha aiutata a mettere le sue cose in valigia, poi però, visto che il sangue non si fermava, l'ha portata in pronto soccorso correndo e suonando il clacson all'impazzata.

Ora le si avvicina, si inginocchia quasi, per chiederle «Come stai?» e Vincenza le risponde senza fiatare, scostando la frangetta per mostrarle la piccola garza bianca, tre dita sopra l'occhio destro.

Non ha nessuna voglia di parlare, magari può smettere di farlo per sempre, dimenticarsi la sua stessa voce. Vorrebbe solo chiudere gli occhi e riposare.

La donna in grigio le ha portato in regalo un peluche – un orsacchiotto rosa con i bottoni celesti al posto degli occhi e una zip rossa per traverso a fare la bocca aperta, sorridente e sdentata. E che ci faccio mò?, è stata la prima cosa che ha pensato Vincenza. Un peluche a una ragazzina di dodici anni? Però non ha trovato il fiato per dirlo, ed è rimasto solo un pensiero.

S'è messa quel pupazzo sulle gambe e senza nemmeno rendersene conto ha cominciato a tormentare uno dei bottoni, tra indice e pollice, ruotando, tirando, schiacciando.

Nel mentre la donna ha attaccato a farle dei discorsi, la voce dolce e pacata, ma Vincenza non afferra proprio tutto. *Potestà, psicofisico, affido.* Certe parole lei non le ha mai sentite, forse stanno solo nei libri difficili o le hanno spiegate a scuola quando aveva fatto filone.

«Hai capito?» le viene chiesto.

Allora lei solleva gli occhi azzurri dal muso di peluche dell'orsacchiotto e li rivolge, vuoti, gonfi, umidi, verso quelli seri e neri dell'assistente sociale.

No che non ha capito. Ma è tutto confuso, e poi: lei che cosa può fare, se è già deciso? Ha così tante domande in testa che non riesce a formularne nessuna, le sfrecciano a una velocità assurda piccoli e grandi dubbi, davanti agli occhi oggetti familiari che non rivedrà (il letto, la coperta, la tazza della colazione) e il futuro le sembra un posto in cui la vogliono trascinare a forza. Perché? Come si fa a spiegare questa confusione? Da dove iniziare?

«Hai capito?» ripete la donna.

Dentro il petto Vincenza sente un urlo di rabbia che cresce e cresce, come un'onda, ma le labbra restano serrate e non lasciano uscire un fiato.

Non può fare altro che annuire.

«Perfetto. Vedrai che andrà tutto bene» le dice l'assistente sociale, tendendole una mano.

Vincenza guarda quelle dita senza anelli e pensa che potrebbe fermare ogni cosa se solo riuscisse a dire qualcosa, una parola, un grido, un sussurro. Ma forse ha perduto davvero la voce.

Si alza lentamente, ha un leggero capogiro. Dell'orsacchiotto non sa più che farsene, così lo abbandona sulla sedia. Afferra quella mano adulta e la stringe, si lascia accompagnare lungo il corridoio, fuori dall'ospedale. In macchina.

Solo dopo che l'auto è partita Vincenza si rende conto di aver tenuto la mano sinistra stretta a pugno, tutto quel tempo. Apre piano le dita: al centro del palmo le è rimasto un bottone celeste.

Mentre la radio manda una musica di pianoforte, la macchina si arrampica per i tornanti che portano a Posillipo. L'assistente sociale parcheggia davanti a un palazzo rosso pompeiano. Prende di nuovo per mano Vincenza, e con l'altra mano afferra la piccola valigia che contiene un po' dei suoi vestiti. Davanti al grande portone nero la donna schiaccia un bottone del citofono e sorride alla bambina, come per rassicurarla.

A Vincenza quel posto non è nuovo, ma non sa dire se c'è già stata o se è solo passata da fuori. È come se fosse un'immagine annebbiata di un passato lontano. Qualcosa che non riesce ad afferrare, un ricordo che non sa mettere a fuoco. Il palazzo rosso, il portone nero. Era giorno o era sera? Forse una festa. No, una festa no, però c'era un gran baccano.

Poi si sente lo scatto elettrico della serratura, e una voce di donna gracchia: «Salite».

Pure quella voce è un ricordo lontano, sfumato. Com'è sfumato l'aroma di caffè che le arriva alle narici sullo scalone di marmo. Lo stesso che si respira nei vicoli dei Quartieri Spagnoli. Forse certe cose sono uguali anche nelle case dei ricchi.

Intanto che l'assistente sociale fa strada, Vincenza insegue i ricordi, risale indietro – quanti anni prima? Sei? Sette? – e ricostruisce un volto. Una signora con i capelli biondi e ricci, gli occhi truccati e le labbra colorate di un rosso vivo, un abito elegante, un buon profumo. Una voce dura e secca come l'espressione: sulla sua bocca non c'è un sorriso, ma una smorfia di disprezzo.

Poi, al pianerottolo del quarto piano, si apre una porta e sulla soglia compare una donna, avvolta in una vestaglia di seta nera. È la stessa signora che Vincenza ricorda, solo che ha i capelli più lunghi e meno ricci e meno biondi, e sotto il trucco pesante il volto appare un po' invecchiato.

«Zia Sofia...» sussurra, riconoscendola.

«Accomodatevi» dice la signora, e con il suo tono asciutto suona più un ordine che un invito.

L'assistente sociale deve incoraggiare Vincenza poggiandole la mano sulla spalla, ché quella non si muove. Poi, dato che ci sono documenti da firmare e dettagli di cui discutere: «Tu aspettaci di là», e le indica il salone.

Seduta sulla poltrona di velluto, Vincenza si guarda intorno. Ai suoi piedi c'è la valigia, poggiata sul parquet. Le fa strano camminare sul legno lucido, ma è un po' come stare sulle tavole del palco, anzi meglio.

Il salone è uguale a come lo ricordava. Riconosce il soffitto, altissimo, affrescato con angeli e festoni, nuvole, rondini e colombi. I muri con la carta da parati giallo dorata a spina di pesce, ricoperti di quadri di tutte le dimensioni, con preziose cornici barocche. Quello più grande è appeso proprio di fronte a lei, dall'altra parte della stanza. È grande come un lenzuolo, e c'è dipinta una scena dal presepe, la Madonna, l'asino, il bue, san Giuseppe, un paio di pastori e di pecore, un angelo. Solo il bambinello è illuminato, pare sotto il riflettore, mentre il resto è scuro scuro. Forse qualcuno le aveva raccontato che quel quadro è antico e prezioso, o forse le è sempre venuto il dubbio perché è una cosa così grande che pare uscita da una chiesa. La cornice è imponente, alta e spessa. È un intrico di rami e di riccioli scolpiti in quattro tronchi giganteschi, incastrati a quadrato.

Pure l'odore si ricorda. Sa come di polvere, di chiuso. Però di polvere non ce n'è neanche un granello. Sporgendosi un po' in avanti e guardando alla sua destra, Vincenza vede il riflesso della luna sul tavolo d'ebano, lungo lungo e con i piedi scolpiti. La superficie è lucida e pulitissima, come se fosse stato appena spolverato. Al centro, sopra un quadrato ricamato all'uncinetto, un bouquet di fiori di ceramica di Capodimonte così splendenti che paiono di plastica.

Sull'altra parete c'è ancora la libreria che arriva fino al soffitto. Era piena in passato, ed è piena pure oggi: chissà quanto tempo ci vuole per leggere tutti quei libri, ricorda di aver pensato. Se lo chiede ancora, mentre lascia correre lo sguardo sui dorsi in cuoio scuro di mille tonalità diverse, tutti allineati con precisione, i titoli incisi a lettere d'oro e d'argento.

Sul mobile rococò alla sua sinistra ci sono ancora le fotografie: chissà se ci sono pure quelle dei nonni.

Vincenza si alza sulle punte per non fare rumore, si affaccia verso la stanza da pranzo. Sua zia e l'assistente sociale stanno parlando fitto fitto, allora può muoversi tranquilla, almeno per un po'. Ma un bagliore attira la sua attenzione.

La tenda, mossa dal vento, ha lasciato entrare per un attimo un raggio in quella penombra. Vincenza si avvicina, attirata dal bagliore che arriva da fuori. Scosta la cortina pesante, si lascia incantare dalla vista del cielo e del mare.

Sterminato, spettacolare, il Golfo brilla nell'oscurità, dominato in fondo dalla schiena del Vesuvio. E in basso, piccole piccole come in una fotografia, le lucine disegnano i palazzi del lungomare, le barche nel molo di Mergellina, il castello...

Come ha fatto a dimenticarsi di tutta questa bellezza, così accecante, così aperta?

«Allora io vado» dice l'assistente sociale.

Vincenza si volta di scatto, abbandonando il panorama, abbandonando i sogni a occhi aperti. Deve battere le palpebre due volte per riabituarsi al buio dell'appartamento.

Fa per alzare la mano in segno di saluto, ma la zia ha già richiuso la porta alle spalle di quella donna e ora, a braccia conserte, la squadra dalla testa ai piedi.

«Io qua non ti ci voglio» le dice.

Un altro colpo di vento smuove le tende, e una lama di chiarore passa veloce sul suo volto, mettendo in luce la smorfia crudele delle labbra.

Vincenza pensa che quelle parole sua zia Sofia le ha già pronunciate... Sì! Dentro quella stessa stanza, sei o sette anni prima. Non era una festa, anche se c'erano molte persone. Non ballavano né cantavano, stavano litigando, e proprio lì, intorno al tavolo scuro del salone. C'erano suo padre e sua madre, da una parte, e sua zia dall'altra, e si urlavano contro, e anche gli altri parenti urlavano, urlavano tutti. Ecco cos'era quel baccano. Ecco qual era l'ultimo ricordo di quel palazzo, di quelle stanze, di quei mobili. Quando zia Sofia li aveva cacciati e rinnegati.

Man mano che la memoria si fa più chiara, Vincenza sente riaffiorare anche il dolore del passato, che si somma a quello del presente.

La zia le si fa incontro, intanto, minacciosa, allunga una mano, le stringe il mento tra le dita e con un gesto deciso le inclina il capo in modo che i capelli le scivolino di lato.

Guarda il cerotto. «È solo un graffio» commenta, secca, definitiva, e tira indietro le mani.

Proprio vero, solo un graffio, pensa Vincenza. Però poteva perderci l'occhio, poteva morire, oppure poteva finire in galera come suo padre e sua madre. Che ne sa quella signora in vestaglia, che ora la guarda schifata dall'alto in basso. E allora con la rabbia le torna la voce, a Vincenza, anche se tremante, anche se incrinata dalla tristezza, dal dolore, dalle lacrime che ricaccia in gola.

«Io pensavo che dovevo venire a vivere da voi.»

Lo dice con gli occhi bassi, con la vergogna addosso. La sorella di sua madre li ha tagliati fuori dalla famiglia, ha tagliato i ponti con loro. Mentre Sofia vive in un attico affacciato sul mare, a Carmela e Ciro e Vincenza era toccato vivere in un tombino...

«Per questo ti sei portata appresso la valigetta? Guarda, a me mi bastano i guai miei.»

La zia apre un cassetto dal mobile rococò, tira fuori una scatoletta piatta da cui estrae una sigaretta sottile, quindi va ad accenderla davanti alla finestra. E da lì, controluce nel riquadro color di madreperla, le parla con un tono diverso. Come da adulta a adulta.

«Se volevo un figlio me lo facevo da me, non credi? Ho avuto cinquant'anni per pensarci.» Soffia via una nuvoletta leggera di fumo. «E tu comunque hai il sangue di tuo padre.»

«Ma io non vi ho fatto niente.»

«A me basta che tuo padre ha rovinato mia sorella. E ha rovinato il nome della mia famiglia. Io lo sapevo che finiva così. Lo sapevo da mò.»

Vincenza non sa cosa dire. Guarda la sagoma nera di quella donna che dovrebbe essere la sua nuova famiglia, secondo la legge dello Stato e secondo la legge del sangue, quello stesso sangue che lei ha rinnegato. Non ha niente a cui appellarsi, non c'è mai stata tenerezza nell'animo di zia Sofia. Ha il cuore più nero della lava, aveva detto sua madre, ora ricorda.

Di nuovo le lacrime le salgono agli occhi, ma Vincenza si sforza di trattenerle.

E finalmente la zia dà l'ultimo tiro, quindi schiaccia la cicca in un posacenere d'ottone.

«Casa tua è sempre là, no?»

Vincenza fa sì con la testa.

«Le chiavi le hai, giusto?»

Vincenza annuisce un'altra volta.

Sofia apre un cassetto diverso e tira fuori una busta bianca. La tende a Vincenza.

«Allora facciamo così. Intanto prendi questi, ogni tanto passa che ti do qualcosa.»

Dandole le spalle, esce dal salone in un frusciare di seta, il suo profumo mescolato a una scia di tabacco.

Dal corridoio, alzando appena la voce, aggiunge: «Tirati la porta quando esci».

Vincenza si guarda intorno, capisce che è già un'ultima volta. Solo ora permette alle lacrime di scendere e bagnarle le guance, così tornano a essere sfocati gli angeli, il bambinello, il parquet, la finestra che incornicia il Golfo e il Vesuvio. Si mette in tasca la busta, afferra la valigia e se ne va, tirandosi dietro la porta.

Capitolo 8

Giù per i tornanti di via Posillipo, una curva dopo l'altra. La città è lì in fondo, Vincenza scende tutta sola, lenta, con la stessa stanchezza malinconica del sole che lascia spazio alle ombre della sera. La luce tenue del cielo viola accompagna la bambina e la sua valigia.

Già, la valigia. Ci aveva messo solo i vestiti più carini, il pigiama nuovo. Tutto inutile, alla fine non ha fatto altro che trascinare le sue quattro cose di qua e di là. A saperlo prima, che doveva tornarsene a casa...

Il Golfo è uno specchio tremolante che riflette la luna e le stelle, ma Vincenza non guarda niente e nessuno, tiene la testa bassa, gli occhi sull'asfalto, scornata.

Aveva creduto davvero che qualcuno l'avrebbe accolta. Era sicura di aver capito, in mezzo a tutti i bla bla incomprensibili dell'assistente sociale, che una persona aveva messo una firma su una carta per impegnarsi a dare a lei, proprio a lei, «uno spazio di pace e tranquillità». Va bene, aveva pensato, va bene tutto, almeno finché non tornano mamma e papà.

In ogni caso, il buongiorno e la buonanotte non avrebbero avuto i volti dei suoi genitori, per chissà quanto. Come poteva rassegnarsi a un'idea simile? Nonostante le urla, i litigi e le botte, era impossibile. E adesso cosa doveva aspettarsi? Magari due sconosciuti che avrebbero voluto pure farsi chiamare «mamma» e «papà»? No, manco per sogno.

Lei aveva già elaborato un piano preciso. Per un giorno o due sarebbe stata buona, avrebbe sorriso e detto «grazie» e «per favore», non si sarebbe lamentata di nulla e avrebbe obbedito a ogni richiesta senza sgarrare di un millimetro. Sarebbe stata una brava bambina.

Avrebbe recitato, in un certo senso. Sarebbe stato come un copione, solo un po' diverso. Del resto, già le capitava a volte nella vita. Quando non aveva voglia di fare una cosa, o sentiva il bisogno di tirarsi fuori da quei pomeriggi in cui il papà e la mamma si mettevano a urlare e la sua stanza diventava soffocante, chiudeva gli occhi e si diceva che non era vero niente, che era tutto un grosso spettacolo, e lei doveva solo recitare, come Luisa Conte o come Sophia Loren.

Adesso la parte diventava ancora più difficile, ma in un modo o nell'altro era sicura che se la sarebbe cavata.

Tanto, non sarebbe durato per sempre. Il tempo di riprendere le forze, rendersi conto di chi aveva di fronte, individuare una via d'uscita e pianificare le mosse successive.

E anche quel piano si è rivelato completamente inutile...

Però non riesce a provare risentimento verso la zia. In fondo quella donna è un'estranea per lei. Magari è vero quello che ha detto: che il sangue di Vincenza è diverso dal suo e da quello della sua famiglia. Chi lo sa come vanno queste cose? Lei ha gli occhi e la bocca di sua mamma, forse il sangue l'ha preso dal papà. Un po' le fa piacere, questo pensiero, un po' le fa paura.

Zia Sofia. Quello che è certo è che anche se scava a fondo nel suo animo, Vincenza non riesce proprio a trovare un solo filo che la leghi a quella donna. I ricordi le tornano in mente riemergendo dal passato, ma non ritrova neanche un'immagine di affetto. Un abbraccio, un sorriso, un passo di danza o un ritornello cantato insieme: niente di niente. Solo la faccia arrabbiata e la voce, secca, cattiva, che riecheggia nel salone.

Non sa niente dell'appartamento, se è grande, se contiene tante altre stanze e se sono tutte spaziose e preziose come il salone che ha appena rivisto. Ma se pensa al palazzo, rosso pompeiano con il portone nero... quello le sembra enorme, un palazzo da nobili, da viceré. Chissà quanti mobili e quadri e libri, e chissà come sono i letti, là dentro. Forse le altre stanze sono piene al punto che non ci si entra, e per questo la zia vive sola.

Non lo ha detto a Sofia, ma si sarebbe accontentata anche di dormire sulla poltrona soffice, con i ghirigori sopra, ché tanto ci sarebbe entrata pure coricata. Sarebbe stato bello addormentarsi con l'aria profumata di antico nelle narici e il riverbero del sole sul mare alla finestra. Si sarebbe adattata a rintanarsi in un angolino, le sarebbe bastato poco, pochissimo.

Però lo capisce, il rifiuto della zia. Quella è casa sua,

sua e basta. Non c'è spazio per un'altra persona. Per una piccoletta che non vale niente come lei.

Arriva a vicolo Cannone che è ormai buio. Attraversare strade del quartiere dov'è cresciuta la rassicura almeno un poco, ma è troppo caldo il ricordo dell'irruzione che ha fatto saltare in aria la sua famiglia come un fuoco d'artificio. Allora abbraccia la valigetta stringendola al petto, perché le ruote non facciano rumore sulle buche – nemmeno sulla buca nella quale è inciampata poche ore prima – e affretta il passo, di più, di più, alla fine si mette a correre. Saluta con un cenno del capo san Gennaro che è sempre lì, nell'edicola all'angolo, e da lì ha visto ogni cosa ieri, l'altro ieri, oggi, domani e dopodomani. San Gennà, pensa, guardatemi voi.

Con il fiatone si ferma davanti alle persiane chiuse della porta di casa. Nessuno nel vicolo, stavolta.

L'istinto è quello di bussare, ma poi le torna in mente che la casa è vuota ormai.

Si infila la mano nella tasca del giubbotto, ma le chiavi non ci sono. Posa in terra la valigia e cerca nella tasca sinistra con l'altra mano. C'è qualcosa dentro, ma è un oggetto piccolo. Lo tira fuori, lo guarda: uno stupido bottone celeste. Lo scaglia via con rabbia.

Un tremore le attraversa il corpo, come un terremoto. Allora fruga nelle tasche del pantalone: niente. Una vertigine, le ginocchia le cedono, poggia una mano contro la persiana. Urtandola, fa cascare in terra la valigetta.

E in quel momento si ricorda: quando è uscita dal portone di zia Sofia s'è infilata la busta con i soldi nelle mutande e ha nascosto le chiavi di casa nello scomparto interno della valigia.

Si china e, ancora tremante, sposta magliette e pigiama, tira via la zip e sì, eccole, che sollievo.

Sorride di sé stessa, ma il cuore le batte ancora all'impazzata.

Gira la chiave nella toppa, lancia dentro la valigia e richiude subito la porta alle sue spalle, con due mandate, come faceva sua madre. Quando quella casa era il posto più sicuro sulla faccia della Terra.

Si guarda intorno. Dagli scarichi sale un odore fortissimo di candeggina.

Sente la gola secca e un nodo che non va né su né giù. Si avvicina al lavello in punta di piedi, quasi non volesse interrompere il silenzio – e apre l'acqua. Le sembra di sentire per la prima volta il suono che fa mentre scorre. Quando afferra un bicchiere dallo sportello del mobile, si rende conto che le sue dita stanno ancora tremando. Chiude il rubinetto, e nel bicchiere vede vibrare il suo stesso corpo. Butta giù l'acqua, gelida, tutta in un sorso, a occhi chiusi.

Non ha comprato nulla per cena e il frigo è vuoto, ma ha lo stomaco chiuso: penserà domani a prendere qualcosa e a mangiare.

Afferra di nuovo la valigia e sale in camera.

Oltrepassata la soglia, per un istante le sembra che lì non sia cambiato nulla. Eduardo de Filippo, Totò, Nino Taranto, Luisa Conte: i suoi attori preferiti sono ancora attaccati alle pareti. È bello ritrovare qualcuno, anche se si tratta soltanto di un poster.

Anche la foto in cui suo papà e sua mamma la tengono in braccio davanti alla reggia di Caserta, scattata quando aveva tre o quattro anni, è sempre lì, sul comodino, dentro la cornice a forma di cuore. I suoi genitori ridono e lei piange: chissà perché a loro piaceva tanto.

I quaderni, i libri, lo zaino. Il copriletto a quadri rosa e bianchi.

Si butta sul letto a faccia in giù, senza togliersi il giubbotto, senza sfilarsi le scarpe. Sua madre le farebbe una capa tanta, se la vedesse.

Ma non può vederla, perché ora sta al carcere femminile di Pozzuoli...

Ora che è sola, Vincenza potrebbe fare tutto quello che vuole – saltare sul letto, mettere la tv al massimo volume, cantare a squarciagola, uscire e tornare tardissimo – e nessuno avrebbe da ridire. Questo pensiero, però, non la consola: non ha voglia di fare niente.

Si tira su, si toglie le scarpe – c'è un alone rossastro sulla punta della destra – e si sfila il giubbotto davanti allo specchio. Scosta la frangetta per sbirciare la garza sulla ferita.

E poi nell'immagine riflessa nota una macchia rossa sui pantaloni, una chiazza irregolare che si allarga dall'inguine all'interno coscia.

Si libera dei pantaloni, le mutandine sono tutte tinte di rosso. È sangue! Per fortuna la busta con i soldi si è macchiata solo di fuori.

In preda al panico, le mani rosse, corre in bagno, cerca di lavarsi alla buona, poi si riveste ed esce in cerca di aiuto, di una spiegazione, di un medico... Forse ha un'emorragia e ora rischia di morire? Com'è che in ospedale non se ne sono accorti?

CAPITOLO 8

Di fronte alla porta di casa, nel vicolo buio, si ritrova davanti una signora grassa, i capelli unti e legati, stretta in un cappotto lungo e scuro. Sembra quasi una matta, Vincenza non l'ha mai vista prima.

Ma la signora si accorge della paura che scuote la bambina e le rivolge un'espressione interrogativa, dolce, invitandola a parlare.

Vincenza riesce solo a mostrare le mani, ancora sporche di rosso, e la macchia sul cavallo dei pantaloni.

Alla donna basta un mezzo sguardo: «È 'o marches'» le dice ridendo.

Il ciclo... Che stupida, non le era venuto in mente. Il panico del momento.

«Guarda che non si muore mica. Significa che sei diventata signurina.»

«Lo so che significa. Ma che faccio mò?»

La donna alza gli occhi al cielo e sospira. «E che vuoi fa'? Mettiti un assorbente.»

«E dove li prendo adesso?»

«Pigliati quelli di tua madre...» È come un lampo che solca quel viso antico: l'espressione cambia in un istante. Scuote la testa, le labbra chiuse. «Io vedo sanghe giorno e notte, non ne pozz' cchiù! 'O sanghe è assai, e pure tu nun 'o ssaje quantu sanghe 'a verè.»

Vincenza sbatte le palpebre, sorpresa e perplessa. Voleva un consiglio o un aiuto, e invece quella si è messa a sparare proverbi... Balbetta un: «Ma io...».

La signora grassa, però, si è già voltata, anzi, si è già incamminata, dandole le spalle. Alla bambina non resta che riaprire la porta di casa.

Dopo un paio di passi, la donna le dice, senza nemmeno girarsi a guardarla: «Ciao, Vincenza».

Com'è possibile, pensa la bambina. Come fa a sapere il suo nome? Ma quando si affaccia di nuovo, la signora sembra essere evaporata nel nulla.

Dopo aver chiuso di nuovo a chiave, Vincenza corre in bagno.

Scava tra i cassetti dove la madre tiene le sue cose, le creme, i profumi, i prodotti per i capelli, li svuota uno dopo l'altro, un po' come hanno fatto i poliziotti quando hanno messo sotto sopra tutta la casa per non trovare niente. Finalmente, nell'ultimo, spunta una scatola di assorbenti.

Non l'ha mai fatto prima, in realtà non ha mai visto nemmeno sua madre usarne uno. Ma non può essere così difficile

Ne tira fuori uno, lo scarta. Lo appiccica sopra un paio di mutandine pulite e se le tira su, poi torna a guardarsi allo specchio. Prima si controlla il viso, nella speranza di vedersi più grande, ora che è diventata una signurina. Si avvicina per controllare se sotto gli occhi azzurri e chiari sia spuntata una ruga, o magari intorno alle labbra. Ma non nota niente di diverso rispetto a quello che ha visto un quarto d'ora prima o una settimana fa...

Quindi si guarda il corpo, le gambe minute e le mutande: altro che donna, è solo scomodo. Un altro fastidio con cui fare i conti.

Si lega i capelli, come faceva sua madre Carmela. E anche se non sono bagnati, accende il fon e se lo punta contro la testa.

CAPITOLO 8

Le è sempre piaciuto sentire il soffio caldo sulla pelle, sin da quando era piccola, e sua madre le fonava i capelli dopo averla avvolta in un minuscolo accappatoio rosa. E anche dopo, le piaceva, quando sua madre le mostrava come sbrogliare i nodi con il pettine largo e come far venire i capelli morbidi e luminosi e senza crespo.

In seguito ha imparato a farsi la piega da sola, e allora il rumore bianco del fon è diventato un rifugio contro tutti i rumori esterni. Un suono rassicurante, capace di coprire le urla furiose di Ciro e Carmela, quando discutevano alzando la voce e pigliandosi a male parole. Spazzola e fon, nello specchio del bagno, e il resto del mondo spariva. Spesso canticchiava pure, una canzone da un film oppure l'ultimo successo di uno dei suoi cantanti preferiti. Faceva un sacco di facce buffe, nel riflesso.

Anche adesso il soffio caldo del fon riesce a ricreare quell'atmosfera. Quegli istanti di serenità in cui casa le sembrava un posto sicuro, e caldo, e affettuoso, nonostante tutto.

Si scalda il viso, poi le gambe, le ginocchia, i piedi, e dopo torna al viso.

Sventolando quel calore a destra e sinistra nelle orecchie le sembra di sentire come delle auto che la superano a tutta velocità dentro una galleria. Sorride, rasserenata.

Spegne il fon, spegne la lampada di sale arancione ed esce dal bagno. Attraversa al buio quegli spazi così familiari, che adesso sono i *suoi* spazi. Casa sua.

Sale su in camera e si infila sotto le coperte. Poi ci ripensa. Si alza, dalla scrivania prende uno dei pupazzi.

Un coniglio di peluche di quand'era piccola, vecchio, scolorito e con un occhio solo – un bottone nero.

Sotto le lenzuola se lo stringe al petto, come per conservare un po' del calore di prima.

Tante cose sono cambiate in pochi giorni. Così tante da lasciarla spaesata. Le viene in mente che dovrebbe pregare. Per le anime di suo padre e di sua madre, incarcerati. Per sua zia Sofia che è cattiva, magari il Signore la aggiusta. Per sé stessa. Ma le preghiere non se le ricorda bene, e forse tutte quelle che sa, l'Ave Maria, il Padre Nostro, il Salve Regina... non ci azzeccano niente con quello che sente e che vuole dire lei. Ci vorrebbero altre parole. Ma quali?

Ogni tanto i pensieri si fermano perché un rumore la fa trasalire. Allora nel silenzio totale, un silenzio che non aveva mai conosciuto prima, tende l'orecchio e ascolta, trattenendo il respiro. È solo una goccia che cola giù dalla canna del lavandino. Questo è il frigorifero che ogni tanto attacca a ricaricarsi. No, non sono passi, è il ticchettio metallico dell'orologio della camera dei suoi.

Ogni volta che riesce a mettere a fuoco da dove provengono i rumori ritrova un po' di pace. Per quanto può essere in pace una signurina di dodici anni, tutta sola come lei.

Tra un sentimento e un pensiero, una preghiera e un movimento, alla fine Vincenza si abbandona al riposo. All'arcobaleno di sogni e all'abisso di incubi che covano dentro di lei.

Capitolo 9

La svegliano dei colpi alla porta.

Sbatte gli occhi, c'è luce nella stanza. D'istinto: «Mamma!», con la voce ancora impastata di sonno. Non le risponde nessuno.

Ci mette qualche istante a riconoscere la stanza, l'abat-jour è rimasta accesa tutta la notte, dev'essersi addormentata all'improvviso. A quel punto arriva tutto insieme: la paura, la consapevolezza, ancora la paura, una dopo l'altra, a valanga.

È sola, e nessuno sa che è tornata a dormire lì.

Da sotto arrivano nuovi rumori, altri due colpi e una voce di uomo, non riesce ad afferrare le parole.

Il suo primo pensiero è che i poliziotti siano tornati a prenderla. Per completare l'opera e spazzare via tutta la famiglia. Allunga la mano per spegnere l'abat-jour.

Le viene in mente che potrebbe essere stata sua zia ad avvertirli. Con il gelo nel cuore pensa alla busta con i soldi che le ha messo in mano: forse era un regalo d'addio? Aveva già deciso di liberarsi di lei definitivamente?

Da sotto bussano ancora, e ora che tende meglio l'orecchio si accorge che non sono gli stessi calci dell'altra volta, non c'è la stessa insistenza. La stessa cattiveria.

Magari è uno che fa i controlli per i servizi sociali. Se zia Sofia ha raccontato che è scappata, disobbedendo alla sua autorità, rifiutando l'affidamento, capace che quello la sbatte dentro un riformatorio. Pure peggio della polizia...

Però chiunque sia alla porta si fa meno insistente, ogni minuto che passa. Forse non ha ancora fatto irruzione perché non ha il potere di farlo. Un conto è riacciuffare i figli dei carcerati inseguiti dai tutori, un conto è entrare dentro una casa con la violenza.

Se è così, col cavolo che si fa trovare. Quelli là fuori si stancheranno di bussare inutilmente, e allora lei se ne andrà. Dove? Non lo sa ancora. Magari Gaetano si farà venire qualche idea. Ma poi il quartiere è pieno di ragazzini che hanno i genitori in galera. Tipo Luigi, Simone e chissà quanti altri di cui non si ricorda. Sicuro qualcuno di loro ha già avuto a che fare con gli assistenti sociali. O con la polizia.

Cercando di muoversi senza fare il minimo rumore, scivola giù dalle coperte. Tira fuori la valigia da sotto il letto – non ha pace, 'sta benedetta valigia. Deve spicciarsi a mettere dentro due robe, ci infila pure la scatola con gli assorbenti.

Poi, trattenendo il fiato, si avvicina alla scala.

Ora non bussano più alla porta ma alle imposte della finestra.

Vincenza si blocca lì, aggrappata al corrimano e con un piede sul primo scalino, timorosa di ogni scricchiolio.

«Vincè, apri!»

Quella voce maschile ha qualcosa di familiare.

«Song'io, don Alfonso, Vice'! Apri!»

«Non ti volevo mettere paura. Ho visto la luce accesa e ho pensato di venire a controllare. È buona la sfogliata?»

Vincenza fa di sì con la testa, senza smettere di masticare. La sta divorando, sbaffi di zucchero a velo sulle labbra e briciole sull'incerata a fiori che ricopre il tavolo della cucina.

«Siete stato gentile, don Alfonso» dice. Anche se puzza di fumo e di vecchio, anche se ha i vestiti, le mani, la faccia sporchi. Ha pure gli occhi rossi e lucidi, più del solito.

Sarà la fame, sarà la tenerezza di ritrovarsi davanti una persona amica, sarà chissà cosa, ma Vincenza si lascia andare e gli racconta tutto quello che ha passato – la polizia, le urla, l'assistente sociale, la zia...

«Ah, ti ha dato la busta? È proprio una signora, allora» commenta don Alfonso, scuotendo la testa.

«E che volete dire? Mia mamma non è una signora pure lei?»

«Certo, certo» ridacchia lui. «Però Sofia *vive*, da signora, perciò è accussì stronz'».

Vincenza annuisce. L'ha pensato pure lei: con tutti i soldi che ha avrebbe potuto darle una mano. Tanto sarebbe stato solo per qualche giorno...

«Quando tornano i miei genitori, don Alfò?»

Il vecchio distoglie lo sguardo e sospira.

«Nun 'o saccio, piccerè».

«Ma come? Voi sapite sempre tutte cose.»

«Dipende dal giudice. A patet' e a mammeta li hanno arrestati già altre volte. Vedi, la prima volta, quando sei incensurato, ti lasciano andare – la chiamano "condizionale". La seconda volta è più grave, perché stai intignando, però la condanna è leggera e ti fanno uscì dopo un paio di mesi. Invece la terza...»

«Che succede?»

«La terza è pesante, piccerè.»

Vincenza china il capo, pensierosa. È inutile stare a chiedergli una data precisa, tra quanti giorni mesi anni li rivedrà; sa come è fatto quell'uomo, che parla per astruserie, per indovinelli.

«Non ti dimenticare che sei una ragazza fortunata, anche nella disgrazia» aggiunge don Alfonso, alzandosi e raccogliendo le sue cose per andarsene.

Lei spalanca gli occhi, stranita. Pure questo sa?

«È una fortuna che avevi un posto dove stare, no? Ed è una fortuna che tieni una zia con i soldi. E poi tieni pure 'a capa tosta. Però devi fare la strada tua, capì? Non quella dei tuoi genitori.»

«E che aggia fa?»

«Non ti fermare qua. Cerca la tua destinazione, Vincè. Trova qualcosa da cui ripartire. Al tuo destino però ci puoi arrivare solo con le tue gambe.»

E se ne va, così, senza altre spiegazioni.

Per un momento Vincenza è assalita da una furia cocente, vorrebbe urlargli un chitemmuort', a quel vecchiaccio, e chi se ne frega se ha condiviso con lei la sua colazione. Vorrebbe gridargli di non farsi vedere mai più, sbatterlo fuori casa e cacciarlo dal vicolo a calci.

Però non si muove. E non le esce un fiato di bocca.

La rabbia che sente è tutta interna, è come una fiamma accesa nel petto, come una febbre. In fondo, non ce l'ha con don Alfonso. Ce l'ha con i suoi genitori, e non può menarli perché stanno in prigione. Ce l'ha con il mondo, e non può spaccarlo a botte perché è troppo grande e neanche se ne accorge, di lei.

Però la febbre non passa. Deve fare qualcosa. Non sa ancora cosa, ma deve farla.

Si allaccia le scarpe, afferra il giubbotto ed esce di casa, chiudendo con due giri di chiave, come le hanno insegnato.

Con le mani nelle tasche cammina per il quartiere, sotto il cielo freddo di metà gennaio. Non ha una meta: le gambe la portano avanti, una svolta dopo l'altra, una scalinata dopo l'altra.

Finché si ritrova davanti alla piazzetta che conosce bene.

C'è Gaetano, ma stranamente non è seduto sullo scalone a mangiare pizza fritta. È in piedi, in fondo alla via, proprio all'angolo, e continua a voltarsi ora di qua, ora di là.

L'ha vista subito e l'ha riconosciuta, salutandola con la mano. Ma le ha anche fatto segno di stare zitta.

Istintivamente assume anche lei un atteggiamento circospetto, e si avvicina a passi lenti. Cerca di capire cosa sia a impensierire Gaetano, ma non nota niente di strano, intorno.

Il ragazzo è talmente concentrato che non la guarda nemmeno. Continua a muoversi, sporgendosi da una parte e dall'altra della strada.

«Ciao, Gaetà» gli dice, appena lo raggiunge.

«Ssst» le fa lui, un dito sulla bocca. «Sto facenn' 'a palummella» aggiunge poi, compiaciuto.

«Che succede?»

Le indica un altro ragazzino, appostato a metà della via, con il volto coperto da un passamontagna. «Vedi là?» le dice. «Avimm' truvat' una cosa speciale. L'avimm'a portà a 'o segreto...»

Ma non fa in tempo a dire altro, che dal portone aperto escono quattro scugnizzi, ridendo, urlando. Tutti con le facce nascoste da sciarpe o fazzoletti. Trascinano un albero di Natale, mezzo addobbato, che va seminando per terra aghi, fili dorati, palle colorate.

Gaetano fa un balzo in avanti e comincia a sbracciarsi per richiamare qualcuno, alle spalle di Vincenza.

È un segnale: dal vicolo sbuca un motorino con due ragazzi sopra, un colpo d'acceleratore e un rombo di marmitta, gli arrivano davanti. Si fermano.

Dietro è seduto Luigi, ma il ragazzo alla guida lei non lo ha mai visto prima. Ha i capelli rasati ai lati della testa, un ciuffo castano davanti agli occhi e gli occhi del colore del miele. Si abbassa il fazzoletto che gli copre la faccia e le mostra un sorriso luminoso. Senza rilasciare la frizione dà un giro alla manopola del gas, facendo scoppiettare a vuoto il motore. «E tu chi sei?» le domanda.

«Vi-Vincenza» balbetta.

«Jà, Salvatò!» lo incalza Luigi, con una botta sulla spalla.

«Jamm', jamm'!» fa Gaetano.

Salvatore si tira su il fazzoletto, le fa l'occhiolino, e via, si precipita davanti al portone. Lì, veloce come un pit stop di Formula Uno, l'albero passa nelle mani di Luigi. Non appena lo ha afferrato saldamente per il tronco, Salvatore fa ripartire il motorino e così, trascinando per terra la refurtiva, spariscono oltre la prima traversa.

Invece di seguirli, gli altri ragazzi, a cui si è unito anche Gaetano, si disperdono nel dedalo di traverse.

In un secondo Vincenza è sola. Ha il tempo di assistere alle proteste della portiera dello stabile derubato, che tra una bestemmia e una maledizione raccoglie il poco che le è rimasto: un nastro spelacchiato, un paio di decorazioni miracolosamente intatte. Nient'altro...

Vincenza si rimette a camminare, con un'alzata di spalle.

Non aveva mai assistito a una scena del genere prima, ma conosce bene la tradizione del cippo di sant'Antuono. E ha visto i fuochi, anche se da lontano, che si accenderanno di nuovo il 17 gennaio.

Bisogna mettere insieme quante più cose da ardere, racimolando tutto il legno possibile dai cantieri, dai palazzi, dai fiorai e persino dalle case... Ma bisogna pure tenere nascosta la refurtiva per non farsela rubare dagli altri scugnizzi. Perché ci stanno le sfide tra le bande dei quartieri. Cominciano a novembre, gli scugnizzi, a farsi la guerra. Ed è per questo ci sta 'o segreto, il nascondiglio sicuro e protetto da occhi indiscreti.

Chissà dove sta, si domanda Vincenza, e intanto cammina, distratta da quei pensieri.

Sicuramente dev'essere la prima volta anche per Gaetano, per questo era così emozionato e agitato. Almeno ha trovato dei nuovi amici, oltre a Luigi e agli altri della scuola, con cui fanno filone insieme.

Sì, lui ha trovato nuovi amici, è vero. Bello, bellissimo, è contenta per lui. Peccato che lei invece è rimasta completamente sola. Un soffio di vento le si insinua tra i capelli, facendola rabbrividire. Si ferma per tirare su la zip del giubbotto, e appena rialza la testa le si illuminano gli occhi. Si accorge che le gambe l'hanno portata davanti al Teatro del Rione.

Forse è un segno del destino. Forse è proprio quello il posto da cui la sua vita può ripartire.

Sale di corsa i gradini, raggiante di gioia, piena di speranza.

Si appoggia al portone, ma è chiuso. Suona il campanello, ma non si sente nemmeno il trillo. Bussa una volta, due volte, nessuno le viene ad aprire. Non c'è neanche il custode in giro. Si allontana di qualche passo, e nota che tutte le luci all'interno sono spente.

Lo sconforto la travolge, la atterra. Tutta l'energia che l'ha tenuta in piedi in quei giorni difficili le scivola di dosso. Non ne può più di quell'altalena di paura e speranza, crolla a sedere sul gradino, e senza volerlo si ritrova a piangere.

È finita anche la possibilità del teatro? E che cosa le rimane allora?

«Tutto a posto, piccerè?»

È Tartariello. E con lui c'è anche Michele. Li riconosce anche se ha gli occhi velati di pianto. Tira su con il naso, si asciuga gli occhi, scuote la testa.

«Siamo andati a comprare delle lampadine per i camerini, ci stavi aspettando?»

Lei gli si getta tra le braccia, singhiozzando.

E ancora non ha smesso di singhiozzare quando entra in sala insieme a loro, inizia a calmarsi solo quando si siede su uno dei posti della prima fila. Racconta ai due attori tutto quello che le è successo, e finalmente riesce a riprendere fiato.

«Ho pensato che il teatro era chiuso, e che non sarei mai diventata un'attrice.»

«E invece, come vedi, siamo ancora qua» le sorride Michele, incoraggiante.

«Ti sei lasciata sopraffare dalle emozioni» le dice Tartariello. «La solitudine, la paura, la rabbia, la tristezza, il dolore... Sono tante, tutte insieme, no?»

Vincenza fa cenno di sì. Ha di nuovo il magone, adesso. Un nodo in gola e un desiderio forte di mettersi a piangere.

«La cosa importante è che ora fanno parte della tua storia. Resteranno per sempre dentro di te.»

La bambina lo guarda impaurita. «Per sempre...?» sussurra in un filo di voce.

«Ma non nel senso che soffrirai così per sempre! Anzi, ti assicuro che riuscirai a superare questo momento tra qualche giorno, o qualche mese... nel tempo che ci vorrà. Intendevo dire che faranno parte del tuo bagaglio emotivo. Per recitare devi aver vissuto emozioni forti: solo così puoi impersonare quelle degli altri. Sarai più credibile, se attingerai alla sofferenza che hai provato. Ora capisci cosa voglio dire?»

«Sì.» C'è di nuovo una luce decisa nei suoi occhi.

«Bene. Non te lo dimenticare. Adesso, però, noi abbiamo le prove da portare avanti.»

«E siamo anche in ritardo. Un ritardo che sta per diventare clamoroso» aggiunge Michele, indicando l'orologio che ha al polso.

Vincenza si alza, li ringrazia con un inchino aggraziato. Si asciuga gli occhi e chiede, timida: «Ci... ci vediamo domani?»

Tartariello allarga le braccia, e si allarga pure il sorriso che ha sul volto. «Ma ricordati la scuola, piccerè.»

Capitolo 10

La mattina del 17 gennaio, il giorno di sant'Antuono, c'è una strana energia che serpeggia per i vicoli di Napoli. Una carica elettrica che va crescendo di ora in ora, fino allo scattare della scintilla, fino a esplodere con le fiamme del cippo.

Dabbasso, è un tumulto. Chi mette a segno ancora un colpo, arraffando gli ultimi pezzi di legno da accatastare dentro 'o segreto, chi gli corre appresso per nascondere ogni traccia e confondere le spie. Dall'alto si passano voce le vedette, a ogni angolo, quasi a ogni balcone, per proteggere il covo così ben custodito fino all'ultimo. Nessuno deve sapere dove sta la legna e quanta ce ne sta accumulata.

La maggior parte dei ragazzi ha la stessa felpa oversize nera, una specie di divisa. Magari in faccia non li vedi perché si coprono come banditi del Far West, ma a colpo d'occhio si capisce di che quartiere sono: ce l'hanno scritto sulle spalle.

È così che Vincenza ha individuato Gaetano. Sta spazzando come un dannato l'asfalto davanti a vicolo Montecalvario, dove un minuto fa i suoi amici hanno tirato fuori da un cassonetto un abete ormai secco, perfetto per fare una vampa alta due metri.

«Uè, Vincè.»

«T'hanno mis' a fà 'o sbarazzin'?»

«E pe' forza. Nun hai capito 'a guainella che ce stava mò mò. Nino ci rimetteva un occhio per un pelo!»

Gaetano è così agitato che non è facile seguire il racconto, ma in sostanza è la cronaca di una guainella particolarmente accesa. Prima sono partiti gli insulti, poi sono partiti i bastoni, e dopo i sassi tirati con gli spara fasule. Vincenza li ha visti da vicino, sembrano giocattoli per creature, ma quelle specie di fionde fatte con un collo di bottiglia di plastica e un pezzo di palloncino tirano certi proiettili da farti pisciare sotto per il dolore.

Dev'essere stato un inferno, in quelle stradine così strette dove non c'è modo di trovare riparo.

«Ecco gli eroi che tornano vincitori!» fa Gaetano, indicando con un cenno della testa qualcuno alle sue spalle. Lei si volta, il ragazzo ha un'aria familiare, ma non si ricorda il nome.

Quello non si rivolge manco per un istante a Gaetano. «Ciao, Vincenza» le dice guardandola negli occhi. Pure i suoi occhi, colore del miele, sorridono.

«Ma com'è che tutti quanti sapete il nome mio?» dice lei, un po' scocciata, un po' per giocare.

«Ci siamo conosciuti prima, stavo sul motorino. Anzi, non ho avuto il tempo di presentarmi.»

Si dà una pulita alla mano destra, strofinandola contro i pantaloni, poi gliela tende, tutto fiero. «Permetti? Song' Salvatore, piacere!»

Sulla guancia ha una riga rossa, un graffio superficiale che prima non aveva: un ricordo della rissa appena combattuta.

«Ciao» dice lei, e gli stringe la mano, ricambiando il sorriso.

«Insomma...» fa Salvatore, titubante. «Che hai fatto qua?» e le sfiora la garza, sotto la frangetta.

«Sono caduta, c'hanno messo due punti all'ospedale.»

«Vabbuò, due punti è 'na cosa 'e nient'.» Le lancia uno sguardo di sfida. «A vuò verè una cicatrice vera?» Si tira su la manica destra della felpa, fino a mostrarle un segno vistoso, a forma di L, che pare un filo spinato, dal polso al gomito.

«Maronn'» fa lei, impressionata, tirandosi indietro.

«C'avevo quattro moto d'a polizia appresso. Se non cadevo, co cazz ca me pigliavn'.»

«E se non ti pigliavano, co' cazz ca ti tenevi il braccio con quel taglio là» lo sfotte lei.

Lui sta allo scherzo, ma ora sembra gli manchino le parole. Si guarda i piedi.

Allora lei incrocia le braccia, in attesa, mentre Gaetano, ignorato da entrambi, si rimette a spazzare e si allontana.

Ora Salvatore non fa più lo spaccone, è come se avesse dismesso i panni dello scugnizzo che interpreta in strada, il capo dei mariuoli che dà ordini per razziare alberi e legna, che organizza i turni di guardia al segreto, che pianifica il cippo di sant'Antuono come un'operazione militare. È soltanto un ragazzo che sta di fronte a una ragazza.

«Ci vieni al cippo?»

Sua madre e suo padre non l'avrebbero mai lasciata andare da sola, però non ci sono... Quindi: «Sì» risponde, tutta contenta.

«Allora ci virimm' stasera.»

«Aspetta! E dove vai ora?» gli chiede.

«A casa! Perché, tu no?»

Vincenza abbassa la testa, si guarda la punta dei piedi. «Io in giro... È che a casa sto da sola, se esco almeno non mi viene a malincunia.»

Salvatore ci pensa su, colpito, poi gli viene un'idea. «Tu sai cucinare?»

Lei storce la bocca. «So fare le pennette con la panna, prosciutto e mais!» Ma il lampo di gioia nei suoi occhi si spegne appena vede che a lui sono cascate le braccia. Pare schifato, addirittura.

Ma è tutta scena, per prenderla in giro. Dice: «La panna è per quelli che nun sann' cucinà...».

Ridono entrambi, e Salvatore aggiunge: «Meglio che ti preparo io qualcosa!».

«Eh, ma addò jamm'?» fa lei, pensierosa.

«Come? A casa tua! Accussì non stai sola, no?»

Così s'incamminano fianco a fianco, parlottando fitto fitto, tra una battuta e una risata, finché arrivano a vicolo Cannone, alla porta di Vincenza.

La chiave nella toppa, due mandate, spalanca le imposte. È così contenta ed emozionata di avere un ospite che si muove in fretta, fa tutto a un ritmo esagerato, come a voler correre a precipizio verso un momento di pace, finalmente. A quel punto le tocca fare gli onori di casa, e decide di farlo nella maniera più cerimoniosa possibile.

Accende la luce all'ingresso e con un gesto ampio, teatrale, distende il braccio e indica la stanza: «Illustrissimo signor Salvatore, ecco la mia dimora, ecco il mio castello!».

Lui si guarda intorno, divertito da quella recita.

Incoraggiata dai sorrisi, Vincenza va avanti. Spalanca anche le imposte della finestra, che non apriva da tantissimo tempo, lasciando entrare un po' della luce riflessa dei lampioni di vicolo Cannone. Invita Salvatore accanto a lei: «Qui troverete le più belle affacciate di Napoli. Sentite, sentite! Se aprite i polmoni potete respirare l'aria pura della saittella appilata!».

Torna dentro, va verso la cucina: «Vede, illustrissimo, abbiamo ettari di terra!» e indica le pareti dove l'intonaco ha ceduto, sbriciolandosi sul battiscopa.

«Ed eccoci arrivati alle cucine imperiali, ma prima...» gli fa segno di aprire il cassetto con le pentole «...vi mostro le stalle. Perché noi abbiamo anche una gran quantità di bestiame.»

Salvatore fa una faccia interrogativa. E dato che lei ripete il gesto, afferra la maniglia del cassetto, ma non fa in tempo a tirarla che sbuca fuori uno scarafaggio.

Salvatore fa un balzo all'indietro. «Maronna! Mallanima 'e chitemmuorto!» grida. È lì lì per innervosirsi per quello scherzo, ma appena si volta ecco che c'è Vincenza che ride, ride di gusto, e gli pare la cosa più bella che abbia mai visto. In effetti il salto che ha fatto dev'essere stato proprio buffo. Si blocca, poi accenna una risata anche lui, grattandosi il capo.

È ora di mettersi all'opera ai fornelli. Vincenza scherzando insiste perché si metta la parannanza, ma col cavolo che gliela darà vinta. Pentola sul fuoco, sale nell'acqua. Insieme, poi, nella dispensa trovano tutti gli ingredienti che servono.

In una padella Salvatore fa soffriggere nell'olio un po' di cipolla, e una volta dorata ci butta dentro piselli, pezzettini di carota e tocchetti di patate. Sparge sopra un pizzico di sale e una macinata di pepe e lascia cuocere a fuoco lento – intanto le penne rigate, calate da poco nella pentola, si fanno al dente.

Pochi minuti e il piatto è pronto. Stavolta è il turno di Salvatore di fare un po' il buffone, e dopo aver impiattato come uno chef stellato, serve in tavola la cena.

«Tadaaann! Buon appetito, principessa!»

Vincenza è felice. Il profumino è invitante, ma soprattutto Salvatore è bellissimo. Forse è una cosa di famiglia. Anche sua madre, a suo tempo, è rimasta incantata dal fascino del «malessere», dal sorriso e dal cuore di un piccolo criminale...

«Che cos'è? Pare buonissimo.»

«Questo si chiama 'o ruoto 'o furno! È il mio piatto preferito.»

«È pure il mio preferito, ora!» esclama lei, sincera.

Sono giorni che Vincenza non vede un piatto caldo, e si mette di impegno, a buon ritmo, una forchettata dopo l'altra.

Dopo la cena, rassetta velocemente, poi prende per mano Salvatore e lo trascina a vedere il resto della casa.

Arrivati alla sua camera, si fionda dentro per nascondere la scatola degli assorbenti. Che figura stava per fare...

Ma lui non si è accorto nemmeno, perché sta guardando le pareti tappezzate di facce famose. «Come mai hai tutti questi poster degli attori napoletani?»

A Vincenza luccicano gli occhi. Non le pare vero di poter parlare di sé a qualcuno che l'ascolta, che si interessa a lei. Anche se lui non sembra proprio un fan della recitazione...

«Io amo il teatro e vorrei fare l'attrice. E loro» indica le immagini di Totò, Peppino, Luisa Conte «mi hanno sempre fatto compagnia, quando a casa c'erano le tarantelle.»

«Bello il teatro, io pure ci sono stato qualche volta.»

Lei lo guarda storto. «Non ci credo. E che cosa hai visto?»

«Dove stavano i camerini.»

«È il titolo di uno spettacolo?»

Salvatore scoppia a ridere. «No, no. Andavo proprio alla ricerca dei camerini.»

Me lei non afferra, e a lui tocca spiegarle: «Arrubbavo, Vincè! Però tra un portafoglio e un orologio qualche scena me la sono vista. Una volta per sentire come andava a finire una storia mi stavano per sgamare!».

La risata spontanea di Vincenza copre la sottile delusione che ha avvertito. E per perdonare il furto le basta il fatto che sia rimasto a guardare lo spettacolo, nonostante il pericolo...

Con le battute di Salvatore, Vincenza riesce persino a raccontare del blitz della polizia, della paura che ha provato per l'arresto dei suoi senza che le torni il magone. Persino su quella stronza di sua zia Sofia si fanno grasse risate, sfottendola come un'acida che vive isolata nella sua reggia.

Tra una chiacchiera e l'altra scorrono le ore.

Poi Salvatore si alza per andare a fumare una sigaretta dabbasso. Guarda l'orologio e fa un balzo: «Maronna mia! Song' 'e sette!».

Si precipita giù per le scale, e a Vincenza, che lo osserva incerta, grida: «'O cippo!». Apre la porta, si volta verso di lei: «Vincè, tra mezz'ora diamo fuoco agli alberi. Non ti posso aspettare. Ci vediamo lì». E se ne corre via.

Così alle sette e mezza in punto Vincenza si trova di nuovo a vico Montecalvario, davanti al portone dove nel pomeriggio ha incontrato Gaetano e Salvatore.

Il palazzo, abbandonato, fatiscente, non ha mai visto così tanti abitanti: ci saranno decine di scugnizzi, forse un centinaio, che fanno avanti e indietro, dentro e fuori, trascinando alberi secchi, tavole da cantiere, pallet... Tra alberi e persone è un miracolo che i solai abbiano retto, forse è stato sant'Antuono che ha voluto ripagare la fiducia riposta in lui.

Vincenza alza la testa e vede atterrare decine di alberi, lanciati dalle finestre tutti insieme. Sono voli silenziosi, atterraggi morbidi – se non fosse per il colpo secco che dà il tronco – e poi dalle balconate i bambini, senza maglia e con la bandana in testa, sventolano bandiere e fiaccole, come pirati di un galeone fatto di pietre consumate.

Intanto, un po' curiosi, un po' timorosi, gli abitanti

dei Quartieri Spagnoli si avvicinano ad ammirare anche quest'anno una tradizione che sembra una rivoluzione.

In mezzo a vico Lungo Montecalvario c'è una catasta di alberi in movimento, mezzo sospinta e mezzo trascinata dagli scugnizzi, un po' come fanno le formiche che trasportano le briciole pure quando sono più grandi di loro.

La catasta cresce, un lancio dopo l'altro, finché arriva a superare i tre metri d'altezza! È un enorme cubo, fatto con travi di legno, all'interno del quale saranno ammassati cento e più alberi.

Gli scugnizzi cominciano a urlare, in preda all'euforia, e a correre tutto intorno.

La loro frenesia contagia gli spettatori, e anche Vincenza si ritrova a urlare e a incoraggiare gli altri: «Guagliù, jamme! Battete le mani! Avimm' 'a fà il cippo migliore di Napoli».

Si arrotola la maglietta, scoprendo l'ombelico, si lega i capelli all'indietro e come una piccola gitana si inserisce anche lei in quella danza furiosa.

Da una finestra al primo piano, Salvatore la riconosce e le grida: «Ma che fai, Vincè?».

«Non lo so» risponde lei, ridendo a sua volta. «Sò felice, pure se sono sola!»

A vederla così libera, saltare e dimenarsi spensierata, Salvatore quasi si commuove. «Aspettami là!» le urla, e scende in fretta, con una grande cesta, piena di barattoli di sanguinaccio.

Vincenza gli va incontro, e sull'onda dell'energia che scorre tra tutti gli scugnizzi e che la fa sentire forte, gli prende la cesta di mano, anche se pesa, anche se è grande quando tutto il suo addome.

Salvatore apre uno dei barattoli di sanguinaccio e ci infila dentro due dita. Poi, come un pellerossa, si spalma il sanguinaccio sul viso, prima sulla guancia destra, poi sulla sinistra.

Così fanno tutti a seguire, avvicendandosi intorno a Vincenza.

L'ultima a compiere quel rito è lei: senza indugiare si dipinge la faccia a sua volta.

Ora tutti gli scugnizzi sono disposti in cerchio, immobili e col fiatone, attorno alla catasta imponente. Cala il silenzio.

Una vecchietta del quartiere, minuscola e tremante, sulla novantina, si fa avanti lentamente, e poi, con una voce acuta e alta, intona la litania.

«Saant'Antuoooo...»

E gli scugnizzi rispondono in coro: «Questo è per te!».

«Aiuta i figli del quartiere.»

«Ci affidiamo a te!»

«Aiuta la povere gente!»

«Speriamo in te!»

«Sant'Antuò, tu e san Gennaro siete i padri nostri.»

«Amen!»

Quando l'eco dell'ultima invocazione si spegne, l'anziana comincia a cantare. La sua voce è un lamento pietoso, sembra quasi un pianto: «'Stu fuoco è a forza toja! Nuje simm' 'e figli tuoje! Sant'Antuoooo...».

È il momento. I ragazzi, con un accendino in una mano e una bottiglia di benzina nell'altra, avanzano verso il cubo di legna.

Salvatore si avvicina a Vincenza e le chiede all'orecchio se vuole lanciare la molotov. Lei scuote la testa. «Ho paura.»

«Vieni, lo facciamo insieme.» La abbraccia da dietro e, con le dita intrecciate, afferrano una bottiglia piena di benzina. Con la mano libera Salvatore accende uno zippo.

«La stiamo mantenendo assieme» le dice. «E ora la lanciamo assieme. Mi raccomando, Vincè.»

Fanno un passo avanti anche loro.

All'unisono tutti danno fuoco allo straccio che pende dal collo di quelle molotov improvvisate, e «Uno... due... tre!», le lanciano in mezzo ai rami accatastati.

Con fiamme liquide il fuoco si diffonde in un'esplosione di luce e calore, che in un attimo sale fino a dieci piani.

Vincenza è eccitatissima, persa nella contemplazione di quella maestosità.

Davanti a quel bagliore accecante, Salvatore la osserva e sente una fiamma altrettanto potente dentro il petto: quella che gli ha acceso Vincenza.

Tutto intorno parte un girotondo di scugnizzi, una danza tribale che mette insieme la fede nel santo e le radici antiche, profane di questa festa di strada. Partono i fuochi d'artificio, mischiando nuove fiammelle colorate alle scintille dorate che salgono verso il cielo.

Ma Salvatore e Vincenza non sentono nulla, sono come isolati in mezzo alla gente, in mezzo ai canti e alle danze.

Ballano anche loro, sempre più vicini, si sorridono.

«Uno di questi giorni ce ne jamm' a teatro» le urla Salvatore.

Lei sente esplodere un incendio di gioia nel cuore, e allora, invece di cercare la parola giusta da urlare nel caos, si solleva sulle punte dei piedi e lo abbraccia forte forte, stringendosi al suo collo.

«Sant'Antuò» bisbiglia tra sé e sé, con gli occhi chiusi «pigliet' 'o viecchio e damme 'o nuovo.»

Capitolo 11

E invece i giorni sono passati, Salvatore non si è più fatto vivo e Vincenza è di nuovo sola.

Le piaceva l'idea di andare a teatro con lui, ma niente, si vede che non era convinto. Anche se a lei era sembrato un invito fatto proprio con il cuore...

Ogni volta che ci ripensa, sente che la serata del cippo di sant'Antuono è stata un momento magico, con quell'atmosfera, la gioia, i canti, i balli, le risate. Un ricordo vivo, e caldo. E Salvatore, così vicino, così contento. Forse gli è capitato qualcosa: forse per questo non è passato nemmeno a salutarla. Oppure... oppure è uno stronzo anche lui. Ma a quest'ipotesi non vuole rassegnarsi.

Così, più delusa che arrabbiata, cammina per le viuzze dei Quartieri Spagnoli, fino a vico Montecalvario. Se la montagna non va da Maometto...

Dopo il falò, al palazzo abbandonato è tornata la calma, sembra quasi che non ci sia nessuno. Non ci sono i piantun ai quattro angoli, si vede che hanno smesso di fare i turni, ora che non c'è un nascondiglio da proteggere.

Il portone è ancora chiuso con le assi di legno inchiodate, ma Salvatore le ha mostrato come entrare: basta arrampicarsi dai tubi del gas, aggrappandosi forte e spingendo con i piedi. È come salire su una scala a pioli, solo che non c'è la scala e non ci sono i pioli, ma solo il metallo attaccato al muro. Un piccolo sforzo per tirarsi sulla balaustra e scavalcarla, e Vincenza si ritrova al primo piano.

La prima stanza che incontra è piena di tracce dei tantissimi alberi che gli scugnizzi hanno portato lì. Aghi di pino, rametti, per terra c'è come un tappeto. Si guarda intorno e nota che tutto è fatiscente: i muri scrostati, i soffitti da cui dondolano calcinacci e ragnatele, senza lampade né lampadari, le finestre con i vetri sfondati...

In un angolo sono ammassati piatti di plastica sporchi, cartacce, fogli di giornale. Sulla parete di fondo penzolano i resti di una carta da parati, che un tempo doveva essere stata elegante: sopra qualcuno ci ha scritto dei versi di canzone, o delle dediche d'amore.

Nella stanza appresso, più piccola, c'è un materasso buttato per terra, in mezzo alla polvere, e sopra c'è un ragazzino che dorme. Avrà dieci anni, sì e no, i capelli ricci e biondi ricoperti da una specie di fuliggine, una polvere argentata sottile come il talco.

Vincenza si avvicina, vorrebbe allungare una mano per scuoterlo, ma non fa in tempo a toccarlo che quello fa un balzo, spalanca gli occhi e si tira su.

Lì per lì lei si ritrae, spaventata. Ma nello sguardo di quello scugnizzo sembra non ci sia posto per la cattiveria.

«Che vuoi?» le dice, ma senza minaccia, incoraggiandola a parlare.

Lei sussurra appena: «Scusa, cercavo Salvatore...».

«Salvatore chi? Baghera?»

Fa sì con la testa.

«No, qui non ci sta. Vedi se lo trovi a via Speranzella numero 151.»

Quell'indirizzo lei non l'ha mai sentito. «E perché dovrei trovarlo lì?»

Il ragazzino scoppia a ridere e si rimette disteso, per riprendere il sonno interrotto. «Perché abita lì, e beato lui che tiene la casa...»

«Allora grazie» fa Vincenza, voltandosi.

Neanche due passi, e il ragazzino le grida dietro: «A Vincè, sei un agnellino!».

Interdetta, lei si gira a guardarlo di traverso. «Che vulisse ricere? E come sai il mio nome!?»

Quello fa uno sbadiglio, si rimette la coperta impolverata addosso, e la liquida dicendo: «Io so tutto!».

E che vuoi ribattere a una frase così? In fondo, però, non le interessa poi tanto trovare una battuta a effetto, quello che vuole è Salvatore. Così, confusa ma entusiasta all'idea di ritrovarlo, scavalca la balaustra, si appende al tubo di ferro e scende in fretta sulla strada.

Via Speranzella, via Speranzella, via Speranzella... Ecco il numero 151!

Una porta piccola e stretta, che quasi non si vede se non la cerchi intenzionalmente.

Vincenza resta ferma a guardarla, appesantita dall'ansia. E se Salvatore reagisce male?

Ma il desiderio di sapere che fine ha fatto è più forte. Prende un respiro profondo e bussa tre volte, educatamente, né troppo piano, né troppo forte. *Toc toc toc.*

Da dietro risponde una voce di bambina.

«Chi è?»

«Sò Vincenza, un'amica di Salvatore.»

«Aspè!»

Dopo qualche secondo la porta si apre, e Vincenza si ritrova davanti una bimba di cinque anni, i capelli spelacchiati come certi alberi che Salvatore e gli altri rubavano per il cippo, indosso ha una felpa rosa e le gambette nude. «Trase» le dice, e poi si rimette in bocca il ciucciotto azzurro da maschietto che teneva in mano.

Le fa strada sugli scalini, stretti stretti come il portone, poi dentro una stanza piena zeppa di vestiti buttati alla rinfusa sulle sedie e sulle poltrone, pentole e piatti sporchi da lavare accatastati in un lavandino che perde, e poi, affacciato alla finestra, con una sigaretta tra le dita, ecco Salvatore, che fuma e guarda fuori dalla finestra.

«Salvatò!» lo chiama subito. Vuole mostrarsi arrabbiata, ma è anche felicissima di rivederlo, la gioia le illumina lo sguardo quando incrocia quegli occhi del color del miele.

Anche lui è contento di vederla, le rivolge un sorriso imbarazzato, che subito si trasforma in una smorfia.

«È bella casa tua» dice Vincenza, per riempire il silenzio.

Ma lui distoglie lo sguardo e scuote la testa. «Vattenn', Vincè.»

Imbronciata: «Perché!? Che ho fatto?».

«Non hai fatto niente, ma te ne devi andare!»

La sorellina, intanto, saltella sul divano, tutta eccitata: «Sta nervoso, ha fatto un guaio perché voleva portare la fidanzata sua al teatro».

Infastidito, Salvatore la rimprovera bruscamente: «Sara! Tu statti zitta!».

La fidanzata sua?

Ha capito bene? La bambina ha detto proprio così? Vincenza non ha nemmeno il tempo di concedersi un mezzo sorriso malizioso che subito la coglie una nuova preoccupazione. Si ferma a riflettere.

«Che cosa è successo?» gli chiede.

«No, niente» fa lui, e con un gesto della mano scaccia via quella domanda. Però continua a sfuggire allo sguardo di Vincenza.

«Quale niente!» fa la sorellina. «Quello si è rubato l'orologio di uno al Vomero, e il ragazzo che ha arrubbato è il figlio di Tonino lo Sfregiato.»

Stavolta Salvatore non si controlla, le si avvicina e le tira un ceffone. «Quante volte ti ho detto che ti devi fare i fatti tuoi!»

La piccola scoppia in lacrime, e lui, durissimo, fa la mossa di mollarle uno schiaffo ancora. «Nun chiagnere, sennò te ne do un altro.»

Ma Vincenza lo ferma, mettendosi in mezzo: «Mi spieghi cosa sta succedendo? Per favore!».

Lui la fissa negli occhi, e la rabbia si dissolve piano piano. Abbassa la mano e mormora: «Scusami, Vincè».

A quanto pare, è il periodo delle emozioni nuove, delle scoperte mai fatte prima: mai Vincenza si era resa conto di avere un potere su qualcuno. E invece è chiaro, è innegabile, ha detto una frase, una frase soltanto, e un ragazzo come Salvatore si è calmato subito.

Lo guarda, poi gli accarezza il viso.

«Allora?»

Così le racconta tutto. A cominciare da quello scugnizzo che pareva proprio nu fesso. Chiatto chiatto, con gli occhi da pesce, se ne stava in mezzo alla gente. Lui ha occhio per quelli fessi, le spiega. Ormai gli basta seguirla due minuti per capire se la persona che ha davanti è sveglia e attenta, e allora potrebbe reagire male, oppure se dorme in piedi... Come si muove, come si guarda intorno. Insomma, era un colpo facile.

«Te lo giuro, Vincè, tutto mi sarei pensato meno che quello era il figlio dello Sfregiato...»

In quei casi la strategia è semplice: avvicinarsi furtivamente, cogliere il momento giusto e scappare a gambe levate nella direzione più sicura. E lui così ha fatto.

Si è piazzato dietro, vicino vicino, ha allungato la mano sul polso e con uno strattone secco e preciso gli ha sfilato l'orologio prima che quello potesse dire «Ba».

E via, s'è messo a correre nella prima traversa, sicuro di sfangarla. Poi i guai sono cominciati appena si è ritrovato due guaglioni grandi e grossi che lo inseguivano alluccando, ha fatto una fatica del diavolo per seminarli. Si è pure perso l'orologio. «Guarda qua, ci stanno Rolex, Cartier, orologi d'oro e d'argento, ma non ce ne sta uno uguale a quello di quello sfigato» le dice, aprendo un cassetto che brilla per quanto metallo c'è dentro.

E poi, mogio mogio, confessa che per quella bravata ora rischia la vita. Ci hanno messo meno di mezza giornata per risalire a lui, e gli è arrivata l'ambasciata... Sono venuti in due, gli stessi che l'avevano inseguito. L'hanno bloccato in un vicolo. Il più alto non gli ha neanche rivolto la parola. Mentre lui cercava di spiegare e giustificarsi gli ha dato una papagna a mano aperta sulla guancia. Fine della discussione.

Solo che non ha né l'orologio da restituire né i soldi per riparare il torto... E non ha nemmeno un modo per uscire da quella situazione.

Dentro la testa di Vincenza, intanto, si fa strada un'idea. Il prezzo da pagare però sarebbe altissimo. E otterrebbe solo di scambiare un pericolo con un altro...

Per qualche minuto restano entrambi in silenzio, si sente solo la cantilena della sorellina di Salvatore, che nell'altra stanza gioca con una bambola, oltre al ticchettio costante delle gocce d'acqua che colano giù nel lavandino.

Vincenza ha davvero paura che a Salvatore possa succedere qualcosa di brutto. Lo sa come vanno queste cose, come si aggiustano gli sgarri, ai Quartieri Spagnoli. Con il sangue.

Prima di capire se il suo piano è davvero realizzabile, però, c'è una questione più urgente. «Salvatò, ma tu non hai nessuno a cui puoi affidare tua sorella?»

Un po' stranito da quella domanda, le risponde: «Sì, a mia nonna. E con mia nonna vive mia zia Saveria, la sorella di papà».

«Che ne dici se la porto lì? Così la mettiamo al sicuro. E poi vediamo di trovare una soluzione.»

Lui annuisce, si fida di lei. La osserva prendere per mano sua sorella Sara, vestirla e accompagnarla fuori, senza minimamente intuire cos'abbia in mente.

Uscendo, lei gli soffia un bacio dal palmo della mano.

Se sul suo viso c'è un sorriso, dentro le si agita un uragano. Perché ha capito che non ci sarà momento migliore di agire di *questo. Adesso, subito.*

«Che ne dici se ti porto in quel bar che c'è laggiù? Quello bello con l'insegna rossa, lo vedi?»

La bambina fa di sì con la testa, già attenta. Non le capita spesso di entrare in un bar. E forse quella ragazza simpatica le comprerà un lecca lecca.

Come se le avesse letto nel pensiero, Vincenza dice: «Io devo fare una cosa veloce. Ci metto solo un secondo. Se mi giuri che fai la brava e non ti muovi ti regalo qualcosa di buono».

Sara annuisce, seria come un'adulta. Entrano mano nella mano nel bar.

Dieci minuti dopo, è tutto fatto. Sara si gode il suo lecca lecca. Vincenza ha ancora sulle labbra le parole che ha pronunciato, quella telefonata che il proprietario le ha concesso di fare dal telefono del locale. Le pare già di sentire l'urlo delle sirene della polizia. Alla caccia del ladro d'orologi con il cassetto pieno di Rolex e Cartier rubati.

Spera solo di non aver commesso un errore terribile.

Dopo aver lasciato Sara dalla nonna, cercando mille scuse pur di non rivelare la verità, Vincenza si dirige alla sua piazzetta, Trinità degli Spagnoli. È sicura di trovarci Gaetano.

E infatti eccolo lì, sudato e col fiatone, tutto solo a prendere a calci il Super Santos contro la saracinesca. Senza compagni, senza avversari, senza portiere. Solo il gusto di colpire di punta il pallone e sentire lo schianto metallico che pare uno scoppio.

In un certo senso deve giocare anche lei, pensa. La sorte non le ha dato le carte migliori del mazzo, ma ha intenzione di tirarne fuori il massimo. Pensierosa, gli si avvicina con le mani in tasca, e si va a sedere sullo scalone.

Gaetano tira una super cannonata – non è certo un campione, anzi è un po' goffo, con i suoi chili di troppo – e quando si volta per rincorrere il pallone appena rimbalzato, si accorge dell'amica.

«Oh, ma che fine hai fatto?»

Vincenza lo guarda, quasi di traverso, ma non risponde. Vuole solo chiedergli una cosa, ma non si decide.

«Allora?!» la incalza Gaetano.

«Tuo padre lavorava per Tonino lo Sfregiato, vè?»

Lui tira la testa indietro di scatto, scocciato. «No, come ti viene in mente?»

«Non ti volevo mancare di rispetto, Gaetà. È solo che mi ricordavo che...»

«Lo conosceva, sì. Ma mio padre faceva le sigarette di contrabbando, mica il camorrista!»

«Hai ragione, ti chiedo scusa se ti ho offeso. Però... tu sai dove abita?»

«Ma chi? Lo Sfregiato?»

«Eh.»

«E perché lo vuoi sapere?»

«Perché ci voglio parlà!»

Gaetano è ancora più stranito, quasi spaventato. «Ma nun 'o saccio dove abita. Ma ti pare?»

Vincenza, però, non abbocca. Lo vede subito che sta dicendo una cavolata, lo conosce troppo bene. Gli rivolge uno sguardo severo, di rimprovero. «Nun me ricere strunzate, Gaetà!»

«No! Ma chi io?»

Lei si alza in piedi, decisa, i pugni stretti. «Addò abita?» ripete. Nei suoi occhi duri e freddi l'autorità viene lentamente sommersa da un'amara disperazione, al pensiero di Salvatore. Al pensiero dell'enormità di quello che ha intenzione di fare.

E allora Gaetano si intenerisce, nonostante la paura. Distoglie lo sguardo e sussurra: «Abita a via Cavitteria numero 90...».

Vincenza lo abbraccia, lo fissa di nuovo negli occhi con riconoscenza. Gli stringe con amore le guance e gli accarezza il doppio mento: «Sei un amico, Gaetà. Grazie» dice.

Lui accenna un mezzo sorriso. «Però non dire mai a nessuno che te l'ho detto io!»

Lei fa di sì con la testa.

«Promesso?»

«Promesso.»

Capitolo 12

Davanti al portone di via Cavitteria 90, altissimo, Vincenza si sente piccola piccola.

Sbircia all'interno e vede due uomini con la barba folta, in tuta e con i giubbotti di pelle sopra. Sono gli scagnozzi del boss, senza dubbio. Mò quelli fanno le sentinelle, capace che non lasciano passare a nessuno...

Per un momento l'assale la paura, è come una scossa che le percorre il corpo dalla testa ai piedi, mozzandole il fiato in gola. Si tira indietro, schiena contro il muro, cercando di appiattirsi e di farsi invisibile. Chiude gli occhi. Riesce a rallentare il respiro fino a riportarlo a una velocità normale.

Che ci fa lì? Lei non appartiene a quel mondo. Trafficanti, picchiatori, scippatori...

Il primo istinto è scappare. Allontanarsi da quel posto, da tutto quanto, da don Antonio e pure da...

Si stacca dalla parete, quasi con un senso di vertigine. Scuote la testa. No, questo proprio non può farlo.

Deve andare avanti, deve costringersi ad agire e pagare quel che c'è da pagare, per il bene di Salvatore. Per i suoi occhi colore del miele e il suo sorriso che scioglie ogni pensiero, vale la pena cambiare vita.

Le serve una scusa per entrare, però. Si guarda intorno in cerca di un'idea, e nota l'insegna di un bar, un paio di metri più avanti. Ecco! Si infila le mani nelle tasche, dentro c'è qualche spicciolo, non di più. Pochi euro, ma abbastanza per quello che ha in mente. Va al bancone, tutta sorridente, e ordina due cornetti al cioccolato da portare via.

Quindi, con la bustina stretta tra le dita e ben in vista, si arma di coraggio e si infila nell'androne, certa che i due brutti ceffi la bloccheranno. Invece quelli la squadrano dalla testa ai piedi, ma dal momento che è solo una bambina innocua la ignorano e si rimettono a chiacchierare del Napoli.

Lei mette il piede sul primo gradino della rampa di scale, e poi ci ripensa. Si volta, si avvicina ai due energumeni barbuti e domanda: «Scusate, ma don Antonio abita qua?».

Quelli la guardano, si guardano tra di loro senza risponderle, poi il primo indica la busta di carta bianca che tiene tra le mani. «Che ci sta là dentro?»

«Sono cornetti al cioccolato.» Con un sorriso prova a nascondere la tensione.

L'altro non sembra convinto, allunga la mano, le prende la busta con la forza e la spreme per capire cosa contenga.

«Così li schiacciate! Don Antonio me li tira dietro mò.»

Sogghignando, aprono la busta e vedono i cornetti. Gliela restituiscono e le danno il via libera per salire.

«Sì, ma... Dove devo andare? Io sono nuova, non conosco il piano.»

Il secondo le mostra le dita di una mano aperta e il pollice dell'altra.

Il piano numero sei. Perfetto.

Sale le scale, un passo dopo l'altro. Non deve mollare. Non deve tremare.

Arriva al sesto piano. Riprende un attimo fiato, e senza esitare oltre bussa al campanello.

Dopo due secondi, dall'altra parte le arriva un rumore di pantofole che si avvicinano, poi con un colpo netto la maniglia va giù, la porta si apre e Vincenza si ritrova davanti un uomo corpulento, sulla cinquantina, in vestaglia rossa e con delle collane d'oro al collo. Ha la barba bianca ben curata, le mani grosse ma con le unghie perfette, i capelli grigio cenere, e sul volto una lunga cicatrice diagonale che parte dall'attaccatura dei capelli a sinistra e finisce alla destra del naso.

Un occhio è ormai cieco, attraversato dallo sfregio, l'altro è di un verde smeraldo.

Sotto lo sguardo autoritario di don Antonio, a Vincenza si secca la gola.

«Che vvuò?» abbaia lui, scuotendo appena la testa per sottolineare l'interrogativo.

Vincenza deglutisce. Ora conosce la faccia e la voce del boss che per tutti è solo un nome, un nome e una leggenda nera. E mette paura.

«Vi ho portato i cornetti!» dice, porgendo la busta.

«E chi cazzo li ha ordinati?»

«Avete ragione, don Antonio. Se mi fate entrare, vi spiego tutto dal principio.»

Lui getta un'occhiata diffidente alle spalle di Vincenza, non sia mai ci sia qualcuno in agguato. Poi le strappa la busta dalle mani e ci guarda dentro. Se la avvicina al viso, la annusa, quindi la stritola tutta quanta tra i palmi enormi.

«Nun aggio capito, tu che vvuo'?»

«Vi devo parlare.»

Don Antonio fa un mezzo sorriso, una smorfia cattiva, indecifrabile.

E in quell'istante sulle scale si sentono voci e passi concitati. Sia Vincenza che lo Sfregiato si sporgono per capire che sta succedendo.

«Don Antò, scusate!» fa il primo scagnozzo.

«La ragazzina, ci ha detto che l'avevate chiamata voi...» fa il secondo.

«Site duje strunz!» li fulmina il boss, poi rivolge l'occhio, feroce, cattivo, a Vincenza, che indietreggia di un passo. «Si sono dimenticati che a don Antonio nun ce piace 'o cioccolato.»

Vincenza fa un altro passo indietro, ma lo Sfregiato la blocca: «Addò vai? Mò che sei qua, trase».

Fa un cenno ai due che la spingono dentro la porta e la perquisiscono, rivolandole le tasche vuote.

«È pulita» dice il primo, mentre il secondo la invita a muoversi con una spintarella.

Vincenza avanza, tremante, nel salone del boss.

È una stanza enorme, tutta luccicante. Divani e poltrone, rivestite di tela rossa, hanno piedi e braccioli a foglia d'oro, come certi arredi delle chiese antiche. Un intero mobile, largo, di legno, è tutto sbrilluccicante d'oro e persino il televisore, uno schermo gigantesco, ha la cornice dorata tutto intorno.

Nell'angolo più lontano ci sono diversi quadri piccoli, invece, con immagini sacre, volti santi e facce di madonne, e si intravede una poltroncina più piccola, di traverso, rivolta alla finestra.

Il boss è seduto, spaparanzato, al centro del divano. Proprio sopra la sua testa è appeso un quadro con una cornice barocca splendente, che raffigura un paesaggio con due alberi spogli.

In sottofondo Vincenza sente le note di un'orchestra: don Antonio ha messo la musica classica per darsi un tono, per sembrare più colto o più potente di quello che è. In fondo anche lui, l'uomo che tutti conoscono nel quartiere e che tutti riveriscono, sta recitando, pensa la bambina. E allora si fa coraggio per interpretare la propria parte, pronunciare la battuta che da ore si ripete in testa, continuamente.

«Allora, piccerè. Addò eravamo rimasti?»

Lei si schiarisce la voce e parla tutto di fila, come recitasse una poesia imparata a memoria: «Mi chiamo Vincenza Birillo, sono venuta da voi per chiedervi se potevo riparare al danno di Salvatore, il ragazzo che ha rubato l'orologio di vostro figlio al Vomero».

Gli occhi speranzosi di Vincenza non trovano nessun appiglio nella faccia truce di quell'uomo. Neanche un minimo cambio d'espressione.

Allora continua: «Salvatore l'orologio l'ha perduto!»

Don Antonio fa un gesto come a scacciare una mosca fastidiosa, con un'espressione schifata.

«E che vuol dire? Uno sgarro è uno sgarro.»

«Lo so, lo so bene, don Antonio. Per questo sto qua. 'O vuless' riparare io lo sgarro che vi ha fatto lui.»

Il boss ci riflette per alcuni secondi, fissandola in silenzio, da sotto in su. «Ma tu lo sai che costava tanti soldi quell'orologio, sì?»

«Posso lavorare per voi e non prendermi nulla.»

Ai due sgherri scappa una risatina. Anche don Antonio sorride, ma continua a fissarla in silenzio.

Vincenza è sopraffatta dall'energia negativa che quell'uomo incute, sia con le parole che con la sola presenza. Le torna in mente l'istante in cui l'ha visto per la prima volta, nel riquadro della porta, dal pianerottolo. Le viene un'altra idea.

«L'avete visto pure voi, no? Che a me nessuno mi bada» e con un gesto del braccio indica le due guardie che avrebbero dovuto impedirle l'ingresso.

Don Antonio si sporge in avanti per alzarsi, e le decine di collane appese al collo, raffiguranti santi e crocifissi, dondolano e tintinnano sbattendo tra di loro.

«Forse una cosa che puoi fare c'è.»

«Dite o vero, don Antò?» Quasi non ci crede, alla grazia che il boss le sta concedendo. Certo, ha un costo, e quel costo dovrà pagarlo lei, ma non le importa, va bene così.

«Forse lo possiamo salvare a questo ragazzo» aggiunge lo Sfregiato.

Dalla poltrona nell'angolo arriva un lamento a interrompere la conversazione. Lentamente, salmodiando e quasi piangendo, una donna molto anziana, con un rosario in mano, si tira su. Forse ha origliato tutto quello che Vincenza e don Antonio si sono detti.

«Mio figlio è buono» dice, con la sua voce stridula. «Non è cattivo come vi pensate voi.»

La donna ha un che di sinistro: magrissima, con la testa completamente bianca e gli occhi di un verde smeraldo affondati in un volto scavato dalle rughe, a Vincenza ricorda un mucchio di foglie secche e raggrinzite.

Avvolta nella sua veste da camera color petrolio, in realtà la donna si muove persa nei propri pensieri, passa accanto a Vincenza e al boss senza rivolgere uno sguardo né all'una né all'altro, poi si volta indietro, verso uno dei ritratti appesi in quell'angolo del salone: «Tu l'hai visto, san Gennà!».

Ancora pochi passi, e singhiozzando esce dalla stanza. «È troppo buono, san Gennà, 'o figlio mio!» Oltrepassata la soglia, però, quei versi lamentosi, quelle lacrime, lasciano lo spazio a una risata, una risata forte, profonda, di pancia. Inquietante e prolungata.

Incerta su come interpretare quel comportamento, Vincenza torna a guardare don Antonio. Ma il boss è imperturbabile, ha solo quella sua smorfia infastidita, da vecchio re annoiato dal suo stesso potere.

«Da questa sera, da mezzanotte fino alle sei del mattino lavorerai per me. Fatti trovare a via Nazario Sauro, di fronte la statua del re Umberto I, dove stanno i chioschi dei taralli.»

Vincenza fa sì con la testa, obbediente. Ha già cominciato a pagare.

«E mò, te ne puoi andare!» conclude il boss.

Lei si avvicina alla porta, afferra la maniglia e la apre, quando don Antonio la incalza: «Che fai, non ringrazi?».

E così, stringendo le falangi intorno alla maniglia, controvoglia, Vincenza sillaba: «Grazie, don Antonio».

Scende le scale di corsa, e un passo dopo l'altro imbocca la strada di casa, come con il pilota automatico. La sua mente è impegnata nello sforzo di realizzare quello che è appena successo. Ha incontrato il capozona del quartiere, l'ha convinto a farle una promessa per la salvezza di Salvatore. È questo che conta. Questo, nel profondo del cuore, un po' la rasserena, mentre in superficie si agita la paura di ciò che dovrà compiere.

A vicolo Trucco alza la testa, e si ritrova davanti la cappella con il grosso quadro della Madonna, davanti al quale sua madre si faceva sempre il segno della croce. Come sempre ci sono dei fiori che qualcuno ha deposto, alcuni ormai secchi, ma altri belli freschi e profumati.

Vincenza si ferma e resta a fissare il volto dipinto di Maria. Poi, riempiendo i polmoni d'aria e di speranza, sussurra: «Grazie, Madunnella mia. Dammi la forza» a voce così bassa che al confronto il rumore di un petalo che cade è un coro da stadio.

Mentre è concentrata su quella specie di preghiera, si ritrova accanto un vecchio, barba bianca e lunghi capelli bianchi raccolti in un codino. In vestaglia blu, pantalone marrone e ai piedi degli zoccoli di legno, al guinzaglio due bulldog francesi, immobili e tesi, quasi in posa. Vincenza potrebbe giurare che un secondo prima il vicolo fosse deserto.

Senza neanche voltarsi a guardarla, il vecchio le dice: «Vincè, non credere mai a tutti gli uomini che giurano, a tutte le donne che piangono, e a tutti i cavalli che sudano».

«E che significa? E come sai il mio nome pure tu?» ribatte lei, sulla difensiva.

Ma l'uomo, guardando dritto davanti a sé, riprende a camminare, all'unisono con i cani. «Hai sentito cosa ti ho detto.»

Vincenza fa di sì con il capo, anche se lui non la sta guardando. Poi aggiunge: «Il mio nome... Come fai a saperlo?».

Quello scoppia a ridere: «Io so ogni cosa, Vincè, io vedo tutto!»

E nel pronunciare quelle parole si volta, mostrando la faccia: gli occhi azzurro grigi sembrano non avere pupille, e si muovono a caso, senza vedere nulla. Occhi che non possono vedere. Almeno, non come vedono gli uomini.

Due fossette scavano le guance del vecchio mentre la sua risata si alza nell'aria.

Vincenza lo guarda allontanarsi, osserva la sua andatura sicura. Si muove senza dubbi, senza paura.

Molto più di me, pensa lei. Perché in realtà quelle parole le hanno messo addosso un'inquietudine che non sa definire.

Pensierosa, s'incammina verso casa. In petto, una fitta d'ansia che va crescendo. Perché mancano poche ore all'imbrunire, e sarà la sua prima nottata agli ordini di don Antonio.

Capitolo 13

Alle cinque e mezzo il chiarore dell'aurora inizia a diffondersi nel cielo di Napoli come un miracolo di Dio, salutato e benedetto dallo stridio dei gabbiani più mattinieri. È la luce del nuovo giorno che torna a vincere sull'oscurità della notte, non con uno schiaffo, ma con una carezza gentile.

Sulla tavolozza del mare i riflessi arancio e rosa sembrano pennellate di magia in continuo movimento. Sullo sfondo, l'enorme schiena del Vesuvio, ancora addormentato, si staglia sulla riva più lontana del Golfo. Dal lungomare di Mergellina, quella vista ha i colori del sogno.

Un soffio di vento, gelido e profumato di sale, scompiglia i capelli di Vincenza e Alessandra, strappandole al panorama e riportandole alla realtà.

Sono sedute fianco a fianco, anche per proteggersi dal freddo delle ore notturne, strette nei loro giubbotti troppo leggeri – indaco quello di Vincenza, grigio fumo quello di Alessandra.

La realtà è che anche quella notte sta per finire. Ancora pochi minuti e passerà uno scugnizzo in motorino a prendersi le dosi che non hanno venduto e a lui dovranno dare tutto quello che hanno guadagnato, svuotando le tasche in fretta per poi dileguarsi. A quel punto, ognuna per la propria strada, a crollare di sonno sul letto, mentre la città si sveglia e il sole finalmente si fa più caldo, come una coperta.

«Mezz'ora, e poi ce ne jamm'» fa Alessandra, con uno sbadiglio. Ha la stessa età di Vincenza, ma a lei sembra un'aliena, arrivata da un altro pianeta. Sarà perché conosce un sacco di cose, sarà il fatto che vive in strada da quando è nata, sarà per quel dente che le manca al centro del sorriso – un sorriso sempre stanco – e che non si riesce a evitare di fissare. È stato il padre a farglielo saltare, con un manrovescio, un giorno che era rientrata in ritardo. Ma sono cose che capitano, la sfortuna è stata che il padre non si era ancora sfilato dal polso l'orologio.

Solo due cose le accomunano: la necessità di quello sporco lavoro, e l'amore. In questo momento, anche Pasquale, il fidanzato di Alessandra, sta dietro le sbarre, proprio come Salvatore. Vabbè, veramente lui ci sta per omicidio preterintenzionale e porto d'armi abusivo, un filo più pesante come pena...

Vincenza però non se l'è sentita di raccontare tutta la verità sull'arresto di Salvatore. Che avrebbe pensato di lei? Nel suo mondo chi fa l'infame vale meno di niente, su questo non ci sono né attenuanti, né intenzioni, né giustificazioni. Non avrebbe capito.

È stata Alessandra a spiegarle come funziona lo spaccio. Una specie di apprendistato. Prima i soldi, poi la bustina. In una mano i soldi, nell'altra la coca. Prima i soldi, poi la coca. Niente soldi, niente coca. Soldi, coca. Soldi, coca. Soldi, coca. No soldi, no coca. Gliel'ha detto in tutti i modi possibili, in tutte le combinazioni. Manco la litania del rosario è così lunga e monotona. Però le è entrata in testa.

E poi il fatto di non avere mai addosso più di una dose per rischiare di meno, i segni da scambiarsi – da vicino o da lontano – se appena si intravede una divisa, persino le direzioni in cui scappare in caso di una retata improvvisa. Tutti scenari che – se san Gennaro fa la grazia – non si presenteranno mai. Anche questo le ha detto Alessandra, in mezzo a una risata nervosa. Un modo come un altro per tenere a bada la paura.

Vincenza annuisce e ricambia lo sbadiglio, coprendosi la bocca con la mano destra. L'occhio le cade sullo stemma a forma di rosa, ricamato sulla manica del giubbotto. Ruota il braccio per guardare meglio, e nota una striscia del colore del sangue. Per un attimo quel segno si sovrappone all'immagine della cicatrice sul volto di don Antonio e a quella sul braccio di Salvatore. Si sputa sulla punta delle dita della sinistra e strofina sulla rosa. Pare che sia venuto via, non si vede più. Però non era sangue, impossibile. Poi capisce. Era ruggine. Dev'essersi macchiata quando ha nascosto il sacchettino con le dosi di cocaina all'interno del tubo di ferro della balaustra. Anche quella è una dritta di Alessandra: un posto sicuro, a pochi passi di distanza, in modo che puoi tenerlo sempre d'occhio e in modo che quando vai a prendere la roba puoi tenere sempre d'occhio anche il cliente. E pure la strada, ché non si sa mai.

Sono sedute sulla stessa balaustra da così tanto tempo che i jeans sono diventati freddi proprio come il ferro. È chiaro a entrambe che i trenta minuti che hanno davanti passeranno lenti come ore, perché è così che succede quando il tuo compito è aspettare e aspettare, finché non arriva un cliente a domandarti una dose.

Ormai anche il night si è fatto silenzioso. Pochi minuti prima c'era ancora un discreto viavai, e le luci al neon dell'insegna si riflettevano sui volti di chi arrivava o andava via, barcollando, accompagnato dallo sguardo severo del buttafuori – un pelato enorme, tutto muscoli, con un bicipite che pesava quanto lei con tutti i vestiti addosso, probabilmente. Sempre a braccia conserte, non si era mosso neanche quando Alessandra era andata a chiedergli una sigaretta. «Stattene al posto tuo» le aveva detto, e poi aveva ricominciato a ignorarla.

Nel silenzio interrotto dai loro sbadigli, la porta del locale si apre, spinta dall'interno. In uno sbuffo di fumo che pare un banco di nebbia, avvolti dal suono attutito di una musica dai bassi potenti, sbuca fuori un uomo, ubriaco, accompagnato da due belle donnine, una per braccio. Mentre quello ride sguaiato, le due salutano il buttafuori con un cenno del capo, subito ricambiato.

Vincenza ha già visto quella scena, con le stesse ragazze, con altre ragazze. Il night è un altro di quei mondi sommersi, notturni, sui quali la voce di don Antonio lo Sfregiato è legge.

Poi occhi e orecchie si spostano, da sinistra a destra,

seguendo la traiettoria dello scooter che attraversa il lungomare deserto. Dietro il sedile, legate alla buona con degli elastici, due vassoi di cornetti caldi da consegnare ai bar che a breve apriranno, come tutte le mattine. All'idea di addentare una di quelle paste, lo stomaco di Vincenza lancia un lamento.

Alessandra lo sente, e in mezzo allo sbadiglio le scappa una risata.

In quel momento una lunga macchina nera si avvicina, rallenta, accosta a pochi centimetri dai loro piedi ghiacciati.

Due uomini ai sedili davanti, una donna dietro. Clienti. Tocca lavorare.

L'uomo al lato del passeggero abbassa il finestrino. Ha i baffi folti e gli occhiali da sole, anche se è ancora buio, tanto che deve abbassarli per incrociare lo sguardo delle due ragazzine.

«La neve la tenete?» dice, senza preamboli, con un movimento della testa che è sia un saluto che un invito a spicciarsi. Non che ci si possa aspettare una riverenza, su quel posto di lavoro...

«Sì» fa Alessandra, le mani in tasca. «Quanta ne volete?»

L'uomo tira dentro la testa per consultarsi con gli altri due amichetti suoi, poi torna a guardare Alessandra e fa il segno della V con le dita. Due.

«Centosessanta» dice Alessandra.

E dopo che quello prende le banconote dal portafogli e gliele fa vedere, caccia fuori la mano sinistra dalla tasca del giubbotto e le afferra, poi caccia fuori l'altra mano e gli deposita nel palmo una palletta di cellophane.

L'uomo la guarda interdetto.

«Vincè» le dà una gomitata. «Ne vuole due. Una gliel'ho data io, l'altra dagliela tu.»

Anche questa è un'idea di Alessandra. Un patto per aiutarsi a vicenda: dividersi i clienti e le dosi, spartirsi i ricavi. Meglio così che stare a litigare ogni volta, no? A Vincenza interessa spicciarsi a saldare il debito con il boss, ad Alessandra servono i soldi per rifarsi i denti davanti, così potrà sorridere senza timore nelle foto del matrimonio con il suo Pasquale. In fondo conviene a entrambe sostenersi nella fame dello stomaco e nel peccato che avvertono sul cuore.

Vincenza però non ha più neanche una dose addosso. Allora si alza e s'incammina, stanca, indolente, verso il nascondiglio.

Pochi passi, nemmeno cinque metri, e sente il rumore delle portiere che si aprono e un urlo di Alessandra: «Vincè, fuje!».

Si volta e una botta di adrenalina la travolge.

Quei tizi erano poliziotti in borghese, hanno afferrato Alessandra e con le mani dietro la schiena l'hanno sbattuta contro l'auto.

La donna invece ha appena messo piede fuori dallo sportello, e punta nella sua direzione. «Ferma! Polizia!» grida.

Il panico mette le ali ai piedi di Vincenza. Scavalca la balaustra e scende giù per le scale, più veloce che può.

La poliziotta si lancia all'inseguimento, Vincenza lo capisce dal suono dei passi che le arriva alle spalle. Nella furia di allontanarsi si rende conto di essere finita in un vicolo cieco, trovandosi davanti soltanto il mare.

Per convincerla a fermarsi sul posto la poliziotta estrae la pistola, la punta verso il cielo ed esplode un colpo.

Su di lei, però, quel frastuono ha solo il risultato di incrementare la paura e la confusione. Dopo un attimo di smarrimento, si guarda a destra e a sinistra: l'unico modo per mettersi in salvo sarebbe risalire le scale dalla piattaforma verso la strada, ma così facendo in due, tre passi al massimo finirebbe dritto tra le braccia della sua inseguitrice.

Allora guarda l'acqua del mare, ancora piena di riflessi di luce. Si fa il segno della croce e si tuffa, a bomba.

L'acqua gelida è l'ennesimo shock. Sente tutta la pelle tirare, i muscoli irrigidirsi, mentre il piumino, inzuppato come tutti i vestiti, diventa immediatamente un peso e un ingombro, le rallenta i movimenti.

Tira fuori la testa, prende un respiro profondo e si inabissa, provando ad allontanarsi sott'acqua, resistendo alle fitte, al freddo assassino, ai crampi. Nuotare per scappare, scappare per mettersi in salvo.

Riemerge dopo un po', alcuni metri più in là. Guardando indietro vede la poliziotta ferma sulla piattaforma, nel punto in cui lei si è tuffata. Si sta guardando intorno per individuare dove sbucherà la testa di Vincenza per rifiatare.

Quanto a lei, deve decidere in fretta in che direzione muoversi. Davanti a lei c'è uno scoglio, e accanto un piccolo molo con delle barche. Ecco, lì sarà più facile nascondersi e poi tirarsi su.

Si inabissa, apre gli occhi, il sale le brucia le pupille, ma deve vedere in quella penombra piena di riflessi se sta andando bene o no. Con i polmoni che scoppiano, torna a guardare verso l'alto, le sagome delle barche viste da sotto sono ombre mobili, incombono su di lei pesanti e minacciose, contornate di luci azzurre, come lame mescolate ai flutti.

Aria, finalmente aria. Lo schiaffo della brezza è brutale, le pare che anche i pensieri si siano congelati, dentro il cranio. Sente i denti che battono, fuori controllo. Afferra la fune che assicura la barca all'ancora e rifiata, cercando di tenere la testa a pelo d'acqua, e di fare meno rumore possibile. Piedi e caviglie le sembrano dei tronchi, muoverli è più faticoso e doloroso che mai. Quanto può durare ancora a mollo, in quelle condizioni? Uno, due, cinque minuti?

Aggrappata alla corda si affaccia oltre la punta della barchetta, attenta ad assecondarne lo sciabordio.

Oltre il suono delle onde, il suo respiro corto e affannato, il ticchettio nervoso dei denti che continuano a battere, le sembra che tutto intorno sia tornato il silenzio. La parte di molo che riesce a vedere, quella che porta alla passerella e che la poliziotta avrebbe dovuto attraversare per inseguirla fin lì, è vuota. Non c'è nessuno.

L'istinto le direbbe di andare, di uscire subito dall'acqua, ma la paura di farsi arrestare è ancora più forte, allora si reimmerge, costeggiando l'ombra della barca, fino alla successiva, per poter sbirciare anche in quella direzione, furtiva, nascosta.

Anche da quel lato pare non ci sia più nessuno. Ce l'ha fatta!

Un sorriso, tremante e umido di moccio, le si allarga sul volto senza che se ne renda conto. Con gli ultimi sforzi si spinge tra le barche verso il molo, silenziosa come un pesce, nonostante il respiro pesante e il diaframma rigido, che le manda fitte a ogni movimento. Sì, ce l'ha fatta! L'ha scampata!

Accompagna l'ultima bracciata con un «Grazie, san Gen...» ma un'ombra le nasconde il cielo. Alza subito lo sguardo, giusto in tempo per vedere un remo abbattersi dritto sulla sua testa.

Arriva tutto insieme, la sorpresa, il dolore per la botta, la consapevolezza che la poliziotta è stata più furba, più attenta, più silenziosa di lei.

Per quanto si sbracci furiosamente, bevendo, tossendo e sputando, non c'è modo di sfuggire, ormai.

Le mani dei poliziotti si allungano verso di lei e l'afferrano, per il giubbotto, il cappuccio, il gomito. La tirano fuori dall'acqua, come un polpo appena pescato.

Capitolo 14

Seduta in pizzo sulla sedia di plastica, con le spalle curve e la testa bassa, le mani sul grembo, Vincenza pare ipnotizzata. Se ne sta immobile da un'ora, sembra che non batta neanche le palpebre. Solo le dita si muovono appena, strette intorno al polso destro.

Nel corridoio della stazione di polizia nessuno fa più caso a lei. Gli agenti in divisa fanno avanti e indietro con documenti, carte e fotocopie in mano. Bussano alle porte vetrate, chiedono permesso e spariscono dentro la stanza, oppure dalla soglia domandano chiarimenti e precisazioni, invitano i colleghi a ordinare un caffè al bar.

Di tanto in tanto passa qualcuno che si ferma interdetto, notando quella ragazzina imbronciata, con i capelli chiari arruffati e una felpa fuori misura sulle spalle. Che ci fa lì? Tutti i minorenni fermati di solito non ci entrano nemmeno, negli uffici. Per loro ci sono gli stanzoni del seminterrato, dove se ne stanno sottochiave e pure se fanno casino, protestano, si lamentano, non danno disturbo alla gente che lavora. Per un istante a qualcuno viene il dubbio che la ragazzina sia disturbata: forse è per questo che sta di qua ed è così silenziosa. Ma un istante dopo, con un'alzata di spalle svaniscono il dubbio e la curiosità, e la ragazzina strana torna a essere un pezzo dell'arredamento.

A ridurla in quello stato, quasi catatonico, non è stata la botta di remo in testa, macché, non le è manco venuto il bernoccolo. E a parte quello, nell'arrestarla non le hanno torto un capello. Anzi, l'hanno praticamente salvata, ripescandola in mare, perché sbracciando a quel modo, in preda al panico, aveva già perso l'orientamento e cominciato a bere e tossire. Sarebbe annegata, da sola.

Sulla terraferma, poi, ha faticato a rimettersi in piedi. Le ginocchia non reggevano, a ogni passo si è sentita schiacciare dal peso della fine.

Già, la fine. Di tutto.

L'arresto ha messo fine al suo piano. Quando ormai le restavano da guadagnare poche centinaia di euro per estinguere il debito con lo Sfregiato e pareggiare lo sgarro fatto al figlio. Un paio di settimane ancora a vendere polvere bianca: tanto le sarebbe bastato per comprare definitivamente il perdono del boss. Mancava così poco. E invece l'arresto ha vanificato i suoi sforzi. È stato tutto inutile, solo fatica sprecata – sprecato il coraggio con cui ha affrontato don Antonio, sprecate le notti al freddo davanti al night, la paura dei clienti mezzi ubriachi, la speranza di riabbracciare Salvatore.

Ha scelto di sporcarsi le mani e la coscienza con

quell'accordo solo per poter voltare pagina e lasciarsi quella storia alle spalle. E invece ci è sprofondata dentro, fino al collo. Altro che uscirne, quelli la sbattono in carcere. Le toccherà vedere il cielo a quadri dalla finestra di una cella, e per chissà quanto tempo. Don Alfonso di sicuro lo sa. Alle ragazzine che spacciano si dà il carcere a vita?

Ma quale vita, poi? È finita pure quella, senza il suo sogno. Addio recitazione, addio teatro, addio applausi e inchini.

Si è lasciata trascinare alla volante e poi dentro il commissariato, senza articolare una sillaba, gli occhi fissi sui polsi, dove le sembrava di vedere già le manette, di sentire il metallo stretto sulla pelle fino a lasciare il segno.

Ma non l'hanno ammanettata, non ce n'è stato bisogno. Li ha seguiti come intontita, persa nel vortice di pensieri in cui è stata risucchiata. La poliziotta è stata gentile, l'ha accompagnata in bagno, le ha messo in mano un fon per asciugarsi i capelli e una felpa – di più non aveva da darle – poi l'ha scortata dentro un ufficio, davanti a una scrivania. E lì, puntando in faccia all'agente gli occhi, rossi di sale e senza espressione, Vincenza ha risposto alle domande perlopiù con cenni del capo. Le poche parole che è stata costretta a pronunciare le sono venute fuori dalla gola, terribilmente secca, come uno strappo alle corde vocali.

Avrebbe voluto fare il nome di don Antonio lo Sfregiato, ma a che sarebbe servito? L'avrebbe liberata da quel tormento, forse, solo per metterla in un guaio ancora più grande. Di sicuro avrebbe reso le cose più difficili, per lei e per Salvatore. E poi, quella era stata una delle prime lezioni di Alessandra: mai fare nomi. Meglio carcerata che infame – è così che ragionano quelle bestie. Chissà se anche lei stava tenendo la bocca chiusa...

E poi gli agenti l'hanno lasciata lì, sulla sedia, ad aspettare.

È passata quasi un'ora e lei è ancora immobile, a testa bassa e spalle curve, quando una voce di donna, aspra e cattiva, la riporta alla realtà.

«Addò zompa 'a capra... zompa 'o caprett'.»

Zia Sofia. Vincenza la riconosce prima ancora di incrociare il suo sguardo, che è carico di sdegno.

«La mela non cade lontano dall'albero» aggiunge a mò di traduzione, rivolgendosi all'uomo in giacca e cravatta che l'accompagna. «Avvocato, voi andate pure avanti, vi raggiungo tra un minuto.»

«Certamente, come desidera, signora» le risponde quello, poi bussa alla porta dell'agente che ha preso i dati di Vincenza, e sparisce dentro.

La ragazzina dischiude le labbra ma non le escono le parole. Vorrebbe spiegare le sue ragioni, giustificarsi, ma sa che sarebbe tutto inutile. Si limita a un saluto rispettoso, con un cenno della testa.

«Brava, Vincenza.» Sulla faccia rugosa di Sofia si forma un ghigno compiaciuto. «Alla fine con le tue bravate sei riuscita a mettere miezz'e guaje a 'mme. Chiedono spiegazioni a me! *Il tutore era a conoscenza dell'attività criminosa della minore?* Ti rendi conto?»

Vincenza abbassa gli occhi, e solo allora si rende conto che le sue scarpe da tennis non sono più bianche. L'acqua del mare, la polvere del molo, l'asfalto... Chissà gli schiaffi che le darebbe sua madre, se le vedesse... Le salgono le lacrime gli occhi.

«Ma l'errore è stato mio. Lo sapevo di che pasta eri fatta, ma ti ho dato la mia fiducia e i miei soldi. E mò aggia passà 'i nu guaje.»

Le si avvicina, di scatto le prende il mento fra le dita secche e le solleva la testa. Occhi negli occhi le sibila: «Io non ci azzecco niente con voi. Sono una signora, io! E tu che sei? Eh? Guardati!».

Poi la lascia andare, si rassetta la gonna, si alliscia la giacca. Di nuovo distende le labbra in un sorriso ipocrita. Signorile.

«Ma stai serena, piccerè. Magari vi mettono in carcere insieme, a tutti e tre. Così si riunisce la bella famigliola, no?»

Quindi le dà le spalle, e sparisce anche lei dentro l'ufficio, senza aspettare risposta.

Con il dorso della mano Vincenza si asciuga le lacrime, che ora l'orgoglio non riesce più a tenere a freno. Al diavolo zia Sofia. È sola, ormai. Sola, senza famiglia e senza Salvatore. Anche se fa male, anche se non è pronta, deve farsi coraggio. Ha commesso un errore, e gli errori si pagano.

Lei lo pagherà fino in fondo. La mettono davvero in un carcere.

Solo che non è come pensava.

Se non fosse per i recinti, le cancellate, le finestre con le sbarre e le ronde di guardia, l'istituto penale per i minorenni potrebbe sembrare una scuola. O, quantomeno, una scuola in cui la disciplina viene presa molto sul serio.

Dopo la perquisizione e la registrazione all'ingresso, le requisiscono i documenti e stilano un inventario dei suoi effetti personali, cioè di quel poco che le è consentito portarsi in cella. Le spiegano le regole, a partire da quella più importante: tutte le cose iniziano e finiscono a un orario preciso. È così per i pasti ma è così anche per le attività formative e didattiche, per le attività fisiche e persino per il sonno. La vita del carcere è scandita da programmi che valgono per tutti.

La direttrice dell'istituto, una specie di suora cattiva in tailleur, accoglie lei e altre tre nuove arrivate con una ramanzina di un quarto d'ora: mille paroloni sul concetto di rieducazione, sull'armonica crescita psico-fisica, l'importanza dello studio e della salute... Un discorso imparato a memoria, e recitato pure male.

Un donnone in divisa la scorta verso i vari reparti, indicando stancamente l'infermeria, la sala mensa, la sala studio, il cortile. Quindi entrano nell'edificio del dormitorio, salgono alcune rampe di scale e imboccano il corridoio delle celle al secondo piano. Sulla parete sinistra sono collocate le finestre, tutte ombreggiate dalle sbarre, a destra invece si trovano le porte metalliche delle celle, una dopo l'altra.

Quando passano davanti alla prima porta le detenute si affacciano alla grata, e appena si rendono conto che la guardia sta accompagnando una nuova ragazza, lanciano urla e fischi. A quel richiamo anche le altre occupanti di quel braccio si affacciano alle porte. Sono tantissime, e sembrano tutte coetanee di Vincenza. Ma hanno le facce cattive.

«Ciao, sei vergine?» le dice una, suscitando un coro di risate.

«N'ata cessa è trasuta!» urla un'altra, dal fondo del corridoio.

Le voci, le battute, le provocazioni, gli sfottò le piovono addosso mentre avanza in quel corridoio lungo e stretto.

«Se capiti nella mia cella diventi la mia cameriera.»

«Bella, di che quartiere sei?»

«Oh, questa fete più di te, Luisa!»

È un agnellino sotto gli occhi famelici dei lupi. Negli sguardi delle detenute c'è la stessa rabbia degli animali territoriali.

Ma lei non ha nessuna intenzione di sfidarle, non vuole fare torto a nessuno. Deve camminare senza incrociare le occhiate delle altre – le parole deve sentirle senza ascoltarle davvero.

Si concentra sui suoi pensieri, su tutto e su niente, ma da quel caos emerge qualcosa di chiaro. Di indiscutibile. Il dolore.

«Ecco qua, sei arrivata» dice la secondina.

L'ultima cella in fondo: significa che ogni singola volta le toccherà ripetere quella passerella davanti alle detenute?

Intanto la pesante porta di ferro viene chiusa alle sue spalle con un tonfo metallico, seguito da tre giri di chiave.

Vincenza si guarda intorno. Nella cella non c'è nessuno, strano. Eppure le pareti sono ricoperte di poster – cantanti napoletani, attori americani e coreani – e di scritte grandi e piccole che forse sono state messe lì nel corso degli anni dalle sfortunate che l'hanno preceduta. La parete di destra è occupata da un letto a castello: con un sospiro si butta sopra quello di sotto. Le lenzuola sono pulite, il materasso abbastanza comodo. Meno male.

Tutta la stanchezza del mondo le sale addosso, accompagnata da una pesante malinconia.

Si allunga sulla scrivania, ci sono un paio di libri dall'aspetto vissuto, uno, enorme, con su scritto «SACRA BIBBIA». Chissà chi se lo legge, un mattone del genere.

Dalla porta del bagno, a sinistra della finestra, si sente tirare lo sciacquone. Quindi c'è una compagna di cella, in effetti...

Vincenza scatta in piedi, sulla difensiva, pronta a scontrarsi con una delle iene del braccio...

«Alessà?! E che pure tu qua stai?»

«Vincè!» Alessandra spalanca gli occhi, sorpresa, contenta, sollevata come lei: una battaglia in meno da combattere. Poi corre ad abbracciarla. «Meglio di così non ci poteva andare!»

Di tutti i lupi, almeno questo lo conosco già, pensa Vincenza, e quella mezza consolazione le strappa un sorriso a metà.

Alessandra è già stata dentro una volta. Si è fatta undici mesi, sempre per spaccio di stupefacenti. Lei sa quali sono le vere regole del riformatorio: quelle che si danno i detenuti.

Niente a che vedere con le parole nobili e vuote della direttrice. Nel racconto di Alessandra il carcere è una gabbia di animali selvatici, in continua lotta tra loro per stabilire la supremazia. I rapporti con le altre si racchiudono nello stesso comandamento che vige sulla strada, a Napoli, nel mondo: «'O cchiù forte cumanna».

Perciò bisogna affrontare a muso duro ogni situazione. Fare a botte, se necessario, colpendo per prime. Perché solo con la forza si guadagna il rispetto. Le racconta delle botte che ha preso i primi tempi dalla ragazza che comandava nel braccio, e di come, poi, si era fatta rispettare: piantando una forchetta sulla mano della compagna di cella.

A Vincenza sale lo sconforto...

«Uè, Vincè» Alessandra la scuote per le spalle. «Nun può fà accussì. Nun fa' sentì ca tien paura.»

«Ma...»

«Chest' è a cosa cchiù important'» le spiega. Perché a stare chiusi dietro le sbarre si diventa come animali, e gli animali si dividono in prede e predatori. Hanno istinti feroci, cacciano in branco, mordono e sbranano. E poi, proprio come gli animali, fiutano la paura nei più deboli.

«Ma io non sono così. Non sono una delinquente!»

Alessandra le scoppia a ridere in faccia. «E che ci fai cca dint' allora?»

Ma Vincenza è serissima. Ci pensa su un attimo, poi dice: «Io sto qua per salvare la vita a Salvatore». E le racconta tutta la storia...

Alessandra è una tipa dura, ma si commuove. L'aveva capito dal primo momento che quella ragazzina non aveva la stoffa per stare in strada. Che spacciare non era cosa sua. Però era testarda, e andava fino in fondo, lealmente. Per questo l'aveva presa sotto la sua ala, dandole insegnamenti e consigli. E ora che se la ritrova accanto non può allontanarla. Anzi, per rispetto del sentimento che l'ha portata dritta dritta in cella, deve proteggerla. Se con le altre è costretta a fare la cattiva, e a rispondere alla violenza con la violenza, con Vincenza sarà la più buona del carcere.

«Ci penso io a te guardà» le dice, accarezzandole la testa. «Chi tocca a te, deve rispondere a me.»

«Grazie, Alessà. Sei un'amica.»

«Vedrai che tempo una settimana ti senti a casa. Mò però vatt' a lavà i capill', ca par 'na strega!»

Ma il gusto del sangue non si impara e non si insegna. Non è che a un agnello crescono artigli e canini solo perché si ritrova in mezzo ai lupi.

Vincenza li sente addosso, gli sguardi delle altre ragazze, gli sguardi aggressivi e famelici dei lupi davanti a una preda facile. È chiaro che alla prima occasione sarebbero pronte ad azzannarla. Per tutta la prima settimana si muove nell'ombra di Alessandra, senza mai allontanarsene. La segue passo passo, ricalcando le sue orme, e solo a lei rivolge la parola. Nessuna minaccia si concretizza, per fortuna.

Capitolo 15

Poi, com'è naturale, è la curiosità a spingerla fuori dal cono d'ombra della compagna di cella. Quando passano insieme davanti alla biblioteca, Vincenza si ferma, si dimentica persino di Alessandra, che si allontana lungo il corridoio.

Tutti quegli scaffali pieni, che manco nella libreria di zia Sofia aveva mai visto, la intimidiscono e la attraggono insieme. Si fa avanti, muta, esitante, finché la bibliotecaria le va incontro con un gran sorriso.

«Vieni, non avere paura! Ti spiego come funziona.» E mentre la accompagna e le illustra le modalità di consultazione, la donna le racconta che per lei è un enorme piacere accogliere nuovi utenti, nella speranza di contribuire all'istruzione delle detenute.

«Cercavi un libro in particolare?» le chiede.

Vincenza scuote la testa.

«Vediamo... Ti piacciono i romanzi d'amore o d'avventura?»

Vincenza alza le spalle.

«Ho capito. Forse preferisci cominciare con qualcosa di più breve. Che ne dici di una raccolta di racconti?»

Guardandosi la punta delle scarpe, Vincenza balbetta: «Io non...».

«Ho trovato!» esclama allora la bibliotecaria. Si avvicina alla sezione di poesia, scorre con un dito tra gli scaffali, leggendo i titoli dei volumi, finché ne tira fuori uno piuttosto smilzo e glielo porge.

«Prova con questo. E poi fammi sapere se ti piace.»

Vincenza è ancora dubbiosa. Sfoglia le pagine: sono poche, e per di più le righe corte fanno sembrare la lettura più facile.

«La poesia è magia fatta con le parole» aggiunge la donna. «E poi, se ti va, potresti partecipare al nostro gruppo di lettura del martedì o a uno dei nostri laboratori.» Le indica un foglio stampato con una lista di incontri.

Vincenza annuisce, stringendosi al petto il suo primo libro di poesia. E poi una gioia incredibile le esplode dentro: nel carcere si tiene un laboratorio settimanale di teatro, tenuto da volontari!

«Grazie, grazie, grazie» continua a ripetere alla bibliotecaria. Avrebbe voglia di abbracciarla. Non le sembra vero di poter riabbracciare il suo sogno.

E poi sul foglio appeso in biblioteca c'era scritto che a condurre le lezioni sarebbe venuto il regista Raffaele Tartaro con l'aiuto regista Michele Giannini: cioè i suoi maestri di fuori, Tartariello e Michele!

Una scintilla di interesse le si è accesa nel cuore, e i giorni volano fino al momento in cui fa il suo primo ingresso al laboratorio. Si aspettava una grande sala, con il palco rialzato e una platea, ma è soltanto una stanzetta spoglia, con poche sedie da un lato e uno spazio vuoto dall'altro. Con lei c'è solo un'altra ragazza, che non ha mai visto prima. Si salutano con un cenno del capo, entrambe diffidenti.

«E meno male che t'avevo detto di andare a scuola, piccerè!» esordisce Tartariello, riconoscendola subito.

Lei corre a riabbracciarlo, sull'onda di un sollievo enorme. In quell'abbraccio sente rinascere la speranza di quand'era solo una bambina e aveva ancora tutta la vita davanti, tutte le possibilità ancora aperte.

Tartariello le riserva una bella lavata di capo – come se non se la facesse già da sola tutti i giorni – e intanto un po' alla spicciolata arrivano altre quattro ragazze, così può iniziare la lezione.

Proprio come nei ricordi di Vincenza, le parole del maestro sanno rendere incredibilmente affascinante e magico il teatro. Lui racconta che non sono gli arredi a renderlo un posto speciale, ma gli attori. Cioè delle persone normali – «come voi e me» – che rappresentano dei personaggi speciali – «come Romeo e Giulietta. O come Totò e Peppino.»

E così, tra una risata e un concetto importante, arriva al punto essenziale: l'attore deve esprimere qualcosa di universale, con la voce e con il corpo.

«Ricordatevi che siamo un corpo, prima ancora che una voce. Quando veniamo alla luce al massimo strilliamo, ma già ci agitiamo. Ci vuole molto tempo prima che impariamo a usare le parole. E a quel punto di solito cominciamo a esprimerci solo con le parole. Il corpo diventa un peso, oppure una macchina che procede in automatico.» Tartariello comincia a muoversi, in maniera buffa, riproducendo i gesti che descrive. «Ci spostiamo di qua o di là. Indichiamo qualcosa. Salutiamo agitando le braccia in alto, oppure spostando solo di un millimetro la testa. Saltiamo un pericolo. Corriamo. Noi non ci pensiamo, ma in realtà il corpo ne sa più di noi: ha una sua saggezza. Ecco, l'arte del teatro è esprimere consapevolmente quella saggezza che accompagna la voce.»

Le ragazze si spostano nervose sulle sedie.

«Non vi ho convinto? Allora proviamo così. Avete presente i mimi, li conoscete, no?» Improvvisa sul palco le classiche scenette della corda da tirare o della parete trasparente, strappando qualche risolino.

«Anche con il silenzio possiamo esprimere delle emozioni. Come state facendo voi stesse, senza rendervene conto. Tu» indica la ragazza seduta in fondo e ne riproduce la posizione fino a trasformarla in caricatura «hai le braccia conserte, ora guardi le unghie, ora guardi la porta: così. Si capisce che te ne vuoi andare.»

Indica un'altra allieva. «E tu, invece, tieni la testa bassa, così, un po' di tre quarti, eh? Tipo vedo-non-vedo. E ti balla un ginocchio. Così! Che c'è? Hai paura che ti mangiamo? Non ti mangiamo, non ti mangiamo.»

Poi, piazzandosi davanti a Vincenza: «E pure tu stai tutta agitata, tutta smaniosa. Hai cambiato posizione ogni cinque secondi. Prima così. Poi con la gamba così. Poi con i gomiti sulle ginocchia. Mi pari una tarantolata!»

Ridono tutte. Ha colpito nel segno.

«Vieni qui, Vincè.» Poi, rivolto alla classe: «Chiamo lei perché è una vecchia conoscenza. Be', saluta, intanto».

«Ciao» dice lei, un po' impacciata.

«Ma che è? Manco alla fermata dell'autobus. Stai sul palco. Presentati, fai un inchino magari.»

Lei si piega in avanti, ma il gesto le viene un po' rigido, arrugginito.

«E me vuless' ricere che quello è un inchino? Hai fatto così.» Ripete i suoi gesti, esagerandoli, tra le risate generali, poi con la sua assistenza mette in pratica degli esercizi di consapevolezza del corpo.

Alla fine di quella prima lezione, Tartariello si congeda con un'altra delle sue raccomandazioni: «Ricordatevi, salutate sempre con un inchino quando uscite di scena, che non sbagliate mai».

Vincenza esce dal laboratorio orgogliosa e felice. Corre a raccontare ogni cosa ad Alessandra, per filo e per segno, e di nuovo e da capo, incapace di pensare ad altro. È un'avventura appena iniziata, ma lei sa già che quelle due ore a settimana diventeranno il centro di tutte le sue giornate. Uno spazio sicuro, in cui respirare aria pura. Aria libera.

Di lì a poche ore, però, il carcere le sbatte in faccia una brutale verità: tra gli animali chiusi in gabbia non c'è nessuna sicurezza se non quella determinata dalla forza.

Succede tutto in un attimo, come il meccanismo a scatto di una tagliola. Troppo distratta dalle poesie e dal teatro, persa nelle sue fantasie, Vincenza non si è accorta che Alessandra ha preso la sua trousse e si è allontanata. Quando alza la testa dal lavandino e torna a guardarsi nel grande specchio, accanto al suo riflesso c'è quello di altre tre ragazze. Sul volto un'espressione allo stesso tempo strafottente e cattiva. L'espressione di chi sta per mordere.

Vincenza le riconosce subito, una gelida scarica di paura le scorre nelle vene, dai piedi ai capelli. Quelle tre sono le più spietate, le più prepotenti. Se la comandano, lì dentro, guardate con timore e rispetto da tutte le altre detenute, persino dai secondini. Alessandra le ha spiegato che è meglio stare alla larga da loro.

Ma la prudenza non è bastata.

«Che fa? Non saluti?» dice la più vicina, fissandola dallo specchio.

«Ciao. Non vi avevo viste. Vado via subito.»

«Che fretta c'è?» interviene la seconda. Le mette una mano sulla spalla, gliel'artiglia, e la costringe a girarsi.

«Tu fuss' n'attrice?» dice la terza. È Deborah, il vertice di quella triade di prepotenti.

Vincenza fa di no con la testa, lo sguardo che corre verso la porta. Una quarta ragazza compare sulla soglia, le rivolge un sorriso beffardo e poi si mette di spalle, gambe larghe e braccia conserte, a bloccare l'accesso ai curiosi.

«Come no?» insiste Deborah. «Dice che tu sai fare il teatro dei mimi. E facci verè qualche cosa, allora, jà.»

Di nuovo Vincenza si limita a scuotere la testa. Nessun suono le sale alla gola.

«Avanti, signurì» la seconda ragazza le scuote la spalla.

«Scusate, me ne devo andare» riesce a dire lei, svicolando da quella presa. Ma dopo un solo passo in due la placcano e le afferrano braccia e gambe, tenendola giù a terra.

Deborah le si avvicina, le scarpe di cuoio a un centimetro dalla faccia di Vincenza. Si china, come a guardare l'animale catturato dalla trappola.

«Tu l'hai capito chi comanda?»

Il primo istinto di Vincenza è quello di sputarle addosso. Ma le due arpie che la schiacciano a terra le impediscono anche di voltare la testa.

E in un istante le arriva un calcio. Forte, preciso, doloroso. Deborah la colpisce al fianco, la fitta nelle costole le mozza il fiato.

«Rispondi» le dice.

Il suo silenzio, carico di rabbia, le fa guadagnare un altro calcio.

«Rispondi!» ripete alzando la voce.

Ma Vincenza non apre bocca.

«Ho capito!» fa poi Deborah, con un ghigno. «Stai facendo la parte di quella muta! È proprio brava, vè?»

Ridono anche le sue compagne, e poi la tirano su. Vincenza prova a divincolarsi, ma sono più forti.

«Però devi imparare l'educazione» riprende Deborah. «Non puoi fare l'attrice se non ti sai comportare, no?»

Vincenza evita di incrociare i suoi occhi. Se potesse fingersi morta, se potesse diventare invisibile...

«Che cos'è questo fetore?» fa Deborah.

Le altre si guardano con facce interrogative.

«Non lo sentite pure voi?»

Fanno di no, e la recita continua.

«Sei tu, che puzzi di piscio» dice a Vincenza, puntandole un dito contro. Fa un cenno, e le due ragazze trascinano Vincenza verso i bagni.

«No!» grida lei. «Lasciatemi stare.»

Ma quelle, a forza, la mettono in ginocchio davanti alla tazza del gabinetto, poi Deborah le afferra la testa e gliela preme giù, finché tutta la faccia di Vincenza finisce nell'acqua. Una, due volte, ridendo e minacciandola, ripetono quell'umiliazione.

Vincenza si sente persa, sa che nessuno verrà ad aiutarla, perché i secondini sono troppo lontani, perché le altre hanno paura di intervenire. Impossibile sapere quanto durerà quel gioco crudele, quanto ci metteranno a stancarsi di lei, che è già piegata e vinta.

«Vincè!»

La voce di Alessandra le arriva all'improvviso, come un'allucinazione. Anche le sue torturatrici si bloccano per un secondo, interdette. La ragazza che hanno messo come palo alla porta non la farà passare, però è lo stesso una seccatura imprevista.

«Aiuto» urla Vincenza, tossendo e sputando.

«Ho chiamato le guardie. Stanno arrivando, Vincè» grida Alessandra.

E quella frase – quel bluff – mette fine alla violenza.

«Hai capito chi comanda, sì?» le fa Deborah, dandole un'ultima manata in testa.

Un istante dopo Alessandra la soccorre, l'aiuta a tirarsi su e a darsi una ripulita.

«Perché non sei venuta con me?» le dice.

Ma Vincenza non risponde. Non parla, non piange. Qualcosa si è spezzato, dentro di lei.

Ha capito, e nel peggiore dei modi, la lezione di Deborah. Non basta farsi piccoli, fare un passo indietro, tenersi in disparte. Perché il potere ti viene a cercare, e colpisce con forza, e fa male.

Da quel giorno Vincenza se ne sta quasi sempre in cella, esce solo per andare in biblioteca o a teatro, evita persino l'ora d'aria, per non essere coinvolta nelle risse o in situazioni strane. Sa di essere una preda facile, che attira gli avvoltoi. Allora preferisce cedere il posto alle docce, accollarsi le richieste di Deborah senza tirarsi mai indietro, spazzare il corridoio del padiglione a occhi bassi, prendendosi il suo turno senza fiatare.

Qualche volta Alessandra interviene a salvarla, quando può. Qualche volta neanche la sua protezione è sufficiente. La violenza scoppia senza preavviso, e cancella ogni illusione di sicurezza.

Incredibile a dirsi, non è la cosa peggiore del carcere. La paura è terribile, ma stare con Alessandra la rende sopportabile. Il dolore, poi, è una cosa passeggera. Arriva, se ne va. Basta stringere i denti, e Vincenza è tutta la vita che stringe i denti.

No, la cosa peggiore di tutte è un'altra. Un nemico che non aveva proprio previsto.

È la nostalgia.

Ogni volta che Alessandra la vede silenziosa o nota che ha lo sguardo perso nel vuoto, le domanda: «A che pensi, Vincè?».

E tutte le volte, la risposta è sempre la stessa: «A Salvatore...».

«Gli ho pure scritto una poesia» confessa, quasi in imbarazzo.

Un po' con le prese in giro, un po' con gli apprezzamenti, Vincenza si convince a fargliela leggere.

Io ti copro le spalle,
tu mi copri il cuore:
portami dove non servono frasi d'amore.

«Vincè, è bella, cazzo!»

Vincenza sorride, timidamente.

Ad Alessandra ridono pure gli occhi. «Ma che ci fai qua dentro tu?»

«Eh, lo vorrei sapere pure io, Alessà!»

«Mò gliela devi spedire, a lettera. Che l'hai scritta a fare sennò?»

«E comme si fa?» dice Vincenza, sconsolata, indicando la finestra chiusa dalle sbarre.

«Ci penso io.»

Quella notte l'assale un'altra nostalgia, più grande ancora, e più forte della stanchezza, più forte del sonno.

Nel buio della cella, Alessandra sente Vincenza piangere. Si affaccia con la testa dal piano di sopra del lettino a castello. «Vincè, che c'è?»

Ma lei, singhiozzando, risponde solo con un mugugno.

«Oè! Mu vvuo' ricere o no?»

«Mi metto vergogna!»

«Ma hai vergogna di piangere? E che fa?! Ti manca Salvatore?»

«No! È n'ata cosa, Alessà. Mi mento vergogna di spiegartelo.»

Vincenza riprende a piangere a dirotto, allora Alessandra scende e le si siede accanto. Le accarezza i capelli senza chiederle altro, provando a confortarla soltanto con quelle carezze.

Poi le viene un'idea. «Vincè, qual era la tua ninnananna preferita?»

Con la testa affondata nel cuscino bagnato di lacrime, Vincenza mormora: «Quella del lupo e la pecora».

Così Alessandra accenna un mezzo sorriso e poi intona la strofa: «O maddonina mia, comm'era bella, o lupo s'ha magnat' 'a pucurella. Era la più piccolina, dolce e bella, 'o lupo s'ha magnat' 'a pucurella! O madonnina mia, portala in sogno, a quell'amata mia, la pucurella...».

Dopo due giri di ninnananna, finalmente Vincenza prende sonno.

«Buonanotte, piccerè» bisbiglia sottovoce Alessandra.

Si alza dal letto, si siede al tavolino, prede da un cassetto la penna e tutti i fogli e le buste che ha recuperato. Li conta: sono 31.

Alla luce piccola della scrivania inizia a scrivere, ricopiando su tutte le lettere le stesse poche, magiche parole.

Capitolo 16

Tutti uguali passano i giorni in carcere.

La sveglia, la doccia, la colazione, le lezioni, il pranzo, le ore di studio e di lavoro, la cena, la notte. E di nuovo, si ricomincia da capo. Senza sorprese, senza slancio, senza desideri.

Anche di fuori la gente ha le proprie abitudini e le vive come prigioni, ma qui è diverso. Quando sei libero un'abitudine puoi sempre tradirla, puoi cambiare programma, prendere una strada nuova. Se pensi che la scuola sia una prigione, puoi comunque fare filone. Nella prigione vera, invece, non hai scelta.

Bastano poche settimane e ti abbandoni alla ripetizione. Perdi il senso del tempo.

Non è solo il cielo a quadri che si vede dalle finestre o le sbarre alle porte. Pure le ore diventano gabbie, in carcere.

E poi lo sguardo è sempre chiuso, corto. Ovunque ti giri, a pochi metri se non a pochi centimetri da te c'è una parete, un muro, una recinzione. Con la libertà si perde l'orizzonte. Solo in cortile, alzando gli occhi verso il cielo, puoi avere l'illusione di spaziare, ma c'è solo un vuoto, appunto, non un panorama, niente di concreto. Niente che potresti mai toccare.

E poi Vincenza ormai non ci va nemmeno più, in cortile. Ha deciso che la sua pena la sconterà tenendo un profilo basso per evitare ogni occasione di scontro. Isolata dal mondo, si isola dalle altre detenute. Perché esporsi alle rappresaglie di quelle che cercano la lite un po' per scalare una gerarchia di potere, un po' per ingannare il tempo?

Il cortile è il posto peggiore. Tutto quel cielo dà alla testa delle ragazze. Alzano la voce, possono correre, sono più cattive.

No, Vincenza se ne tiene alla larga. E questo restringe ancora di più i confini del suo mondo.

Le mattine ormai assomigliano alle notti, perché in entrambi i casi davanti agli occhi ha solo la rete del letto di Alessandra, le macchie sul materasso che si ritrova a un metro dalla faccia. Ha imparato a memoria le linee della vernice alle pareti dei corridoi, le mattonelle color crema vecchie di secoli che ricoprono lo stanzone delle docce, il pavimento di linoleum nero delle aule, la formica verde dei tavoli a mensa.

Ora che non vede più il sole, che non segue il crescere e decrescere della luce, ha imparato a riconoscere le ore dai colori e dai materiali delle stanze in cui si trova.

Così nel calendario del suo cuore i giorni segnati in rosso non sono le domeniche, ma i mercoledì, quando il pomeriggio c'è il laboratorio di teatro. Le sedie accatastate per fare spazio, creare una sorta di palco per gli esercizi di recitazione. Ha imparato ad amare la luce fredda dei neon che accompagna quelle ore intense.

Le altre compagne sono svogliate, anche se si divertono non hanno il fuoco sacro che brucia in lei. E solo lei riceve complimenti su complimenti per il suo talento.

Ma poi finisce quella parentesi felice, ci sono di nuovo i corridoi, le porte di ferro, la cella condivisa con Alessandra. E le ore che diventano giorni, settimane, mesi. L'inverno che finisce, la primavera che si percepisce dal tepore, anche senza sentire il sole addosso. I giorni tutti uguali che sempre ricominciano...

Una mattina, dopo colazione, il secondino batte con il manganello sulle sbarre di metallo della cella. Lo fa per abitudine, anche se è aperta e non ce ne sarebbe bisogno: è uno dei rintocchi di campana che si impara a riconoscere.

«Tra mezz'ora si va al passeggio» dice.

Vincenza resta distesa, indifferente, a seguire con gli occhi il disegno della rete metallica. Non le interessa.

«Alessandra Conserva, c'è una lettera per te» aggiunge il secondino.

E questa è una novità. Non è mai successo prima. Vincenza si riscuote e si sporge a seguire lo scambio. Nel cuore, una punta di dolore e d'invidia.

Alessandra si alza, prende la lettera dalle mani dell'agente e a bassa voce sussurra: «Grazie! Grazie assai!».

Quello risponde chinando il capo, e le fa un occhiolino.

«Sei un amico.»

«Sì, ma non deve capitare più, eh!»

Non è un vero rimprovero, il tono è la spia dell'autocompiacimento. Non c'è niente di sbagliato nello scambiare corrispondenza con l'esterno, anzi la direttrice lo incentiva come buona pratica per la rieducazione. Però consegnare le lettere dà un piccolo potere, e chi esercita questa funzione tende a sottolineare il rispetto che gli è dovuto.

Alessandra apre la busta e si mette a leggere, poi fa un salto di gioia, la mette via e tutta contenta, eccitata, si rivolge alla compagna di stanza.

«Vincè, oggi è un giorno speciale per me. Devi venire fuori con me, nell'ora d'aria.»

Vincenza scuote la testa, sforza un sorriso. «Sei felice perché ti hanno scritto, eh? Ma a me nun me va 'e genio di scendere. Non l'ho mai fatto.»

Lei non ha mai ricevuto una risposta alle tante lettere che ha spedito. Salvatore, sua madre, suo padre. Non le ha scritto nessuno. Niente, mai. Come se non esistessero. Così ha smesso di scrivere pure lei, ma la speranza di ricevere un messaggio le è rimasta viva. È contenta di vedere la gioia negli occhi di Alessandra, ma nelle profondità del suo cuore è un'altra coltellata. Non ha niente da festeggiare.

«Oggi devi venire con me, però. Famm' 'o piacere.» Ci pensa un attimo, guardandosi intorno. «'O ssai che juorno è oggi?». Ancora quella luce nello sguardo, ancora quella elettricità nella voce e nei gesti.

«No che non lo so, ma...»

«È il 9 maggio!»

La prende per le mani e la costringe a tirarsi su, in piedi.

«E allora?»

«Ma come "e allora"?!» Alessandra strappa il calendario dal muro, lo appallottola e ride forte. «Non accetto scuse, dai.»

Vincenza si lascia contagiare da tutta quell'energia. Ma poi Alessandra esagera.

«Ora trucchiamoci, dobbiamo essere belle.»

«Ma no, non mi va.»

Di nuovo la prende per mano, la guarda negli occhi con gli occhi che brillano. «Fallo per me!»

«E vabbuò...»

Davanti allo specchio attaccato al muro iniziano a truccarsi, scambiandosi gomitate, sorrisi e commenti.

«Mò però mettiti l'altro pantalone, che questo pare rubato.»

«Ma che dite! Questo è *certamente* rubato!»

«E guardate che capelli che tenete, signò!» le fa Alessandra, con una smorfia.

«Ma come!? Se sono appena uscita dal parrucchiere!»

Ridendo, Alessandra le spazzola i capelli, poi le spruzza un po' di profumo sul collo.

Sembrano due ragazze a passeggio per il Vomero, in un venerdì sera qualunque, anche se sono soltanto le undici e mezza di mattina, e di tutta la città di Napoli a loro è concesso un cortile poco più grande di un campo da pallavolo.

Vincenza e Alessandra sfilano davanti alle altre. Come sempre c'è il gruppo di chi gioca a pallone, chi chiacchiera, chi fuma, chi invece sta per accennare una lite.

Al loro arrivo, però, d'un tratto tutte si fermano, le teste si voltano.

Vincenza non ha ancora capito quali siano le intenzioni di Alessandra, e quella passerella la intimorisce un po'. «Torniamo indietro?» sussurra, tirando l'amica per la mano.

Alessandra, invece, reagisce in tutt'altro modo, assecondando la sua natura. Alza il mento e guardandosi intorno con aria di sfida grida: «Cazzo avete da guardare?»

Subito tutte tornano a fare le loro cose, e sul volto di Vincenza e Alessandra si dipinge lo stesso sorriso soddisfatto.

Alessandra si guarda l'orologio al polso, si ferma sotto l'unico albero che ombreggia il punto in cui le mura del cortile fanno angolo.

«E che succede ora?» domanda, inquieta, Vincenza.

Proprio in quel momento dall'esterno del carcere arriva un sassolino, a pochi passi da loro. Alessandra lo raccoglie, rapida, e lo rilancia fuori.

«T'avevo detto o no che sarebbe stato un giorno speciale?»

L'ennesimo mistero...

Di punto in bianco, dall'esterno delle mura cala una corda con un bastone di legno annodato in fondo.

Alessandra la afferra e poi stringe il braccio di Vincenza. «È per te, Vincè! Fuje! Scappa!»

Ma lei è come stordita, intuisce cosa sta succedendo ma le sembra una cosa enorme, una cosa che non può riguardare lei. Si gira, smarrita, ha paura che gli altri si siano accorti, che arrivino le guardie, ma ancora una volta Alessandra la riscuote, le mette la corda in mano, le fa segno di salire.

Quasi automaticamente Vincenza si tira su con le braccia, la corda si tende, tiene.

Con i piedi contro il muro, e con l'aiuto di Alessandra, si dà la spinta per salire.

«Ricordati di me, Vincè!» le sussurra Alessandra. «Te voglio bene assaje!»

Lei arriva in cima e si lancia in fretta dall'altra parte, senza pensare alla paura che l'attanaglia o a quello che succederà.

Appena tocca il suolo e si volta, l'emozione le toglie il fiato.

Salvatore! È stato lui a farla evadere!

Per qualche secondo resta lì, immobile, paralizzata dall'onda di sentimento che le ribolle dentro. È proprio lui, con i pantaloni marrone scuro e il giubbotto di pelle nera, in sella a quella Triumph che mette soggezione solo a guardarla. Le brillano gli occhi, vorrebbe piangere o gridare, non sa cosa dire.

Lui dà due sgasate. «Vincè! Ti muovi, prima che ti arrestano un'altra volta!»

Allora lei corre a sedersi alle sue spalle, ad abbracciarlo forte forte come ha sognato di fare per ore, giorni, settimane, mesi.

Salvatore innesta di colpo la marcia e accelera, la moto parte con una mezza impennata e poi via, a scomparire tra i vicoli perché nessuno possa seguirli.

«Tu si pazz'» sussurra Vincenza, aggrappata alla sua schiena.

«Che dici?» fa lui.

«TU SI PAZZ'» ripete lei, gridando.

«SÌ» risponde Salvatore a tono. «SONG' PAZZ' 'E TE!»

«E mò, che succede?»

«Che diventi famosa, Vincè!»

«Che vvuo' ricere?»

«Che finisci sul giornale domani!»

«Sì, ma io ci volevo finire come attrice!»

Lei si lascia contagiare dalla risata di Salvatore.

«So dettagli, Vincè!»

Si tiene saldamente a lui, inspira l'odore della sua nuca, mentre la moto scende lungo il serpentone di Posillipo. Ai margini della strada, da una macchina parcheggiata con le portiere aperte esce una canzone sparata a tutta dall'autoradio, chiunque a Napoli la riconosce, è Pino Daniele, *Keep on Movin'*.

Da lì si vede tutta la città, è bella e soleggiata, un cielo che scalda ma non brucia. Finalmente un panorama vero, un orizzonte infinito.

Il mare è di un azzurro commovente, scintilla di mille riflessi sotto il sole, al largo si incrociano scie di barche che vanno in ogni direzione. Barchette, yacht e barche a vela sembrano piccolissime da quella distanza.

Vincenza ama quella vista. Stringe ancora più forte Salvatore: qualsiasi cosa accada in futuro, gli sarà per sempre grata di quell'istante.

«Vincè, hai visto? Ho esaudito la tua poesia.»

Lei ci pensa su un attimo, incerta.

«Capito, Vincè? L'ho realizzata! La poesia. Me l'ha spedita l'amica tua!»

All'improvviso Vincenza si rende conto che in quel preciso momento lei copre le spalle di Salvatore, mentre Salvatore le copre il cuore! Proprio come nella poesia che ha scritto lei!

È felice, felice come non è mai stata.

«E ora dove mi porti?»

Salvatore risponde subito: «Dove non c'è bisogno di frasi d'amore. Jamm' a Capri!».

Le sembra un sogno, un sogno assurdo, rovesciato, in cui la vita brutta del carcere si è trasformata in questa giornata di sole e di mare, in una meraviglia in cui il tempo non esiste, il resto del mondo non esiste. Esistono solo lei e Salvatore.

La brezza che soffia gentile sul lungomare di Mergellina si porta via la sua risata felice.

Arrivati alla rotonda Diaz, Salvatore ferma la moto. Suona due colpetti di clacson, e da dietro una macchina sbuca fuori Gaetano.

«Ueee, Vincè! Come stai?»

Ha una busta in mano, la passa a Salvatore per poter abbracciare l'amica. È felice di rivederla tanto quanto è felice lei.

«Sto bene, Gaetà. Ma tu che ci fai qua!?»

Gaetano tira fuori dalla tasca due biglietti per l'aliscafo e glieli porge. «Se non li prendevo io, qua si faceva notte».

«Grazie, Gaetà. Sei un amico» fa Salvatore, intanto che sistema la busta, legandola al manubrio.

«Maronn' comm' siete belli, mi fate emozionà!» Gaetano arrossisce, ha gli occhi lucidi.

Vincenza gli accarezza il viso. «Non piangere, però. Sennò mi fai piangere pure a me.»

Anche Salvatore è commosso, ma non vuole darlo a vedere, così accende di nuovo la moto e parte, urlando: «Ciao, Gaetà!».

Filano ancora stretti fino al porto. Appena Vincenza scende, Salvatore mette il cavalletto e smonta pure lui, lasciando le chiavi inserite, senza mettere il bloccasterzo né la catena. Poi piglia la busta e con l'altra mano stringe quella di Vincenza, quindi si incammina verso il molo.

«Salvatò, ma non hai paura che se la prendono, così?»

Lui alza le spalle, strafottente. «Che me ne frega? Mica è mia!»

«E di chi è!?»

«Che ne so, l'ho rubata!»

Capitolo 17

Sull'aliscafo affollato, Vincenza se ne sta accoccolata tra le braccia di Salvatore. Quando il ragazzo le indica un punto in lontananza, spiegandole a che punto della traversata si trovano, lei si lascia rapire lo sguardo dal panorama. Poi subito, come attratti da una calamita, tutti e due tornano a sorridersi, occhi negli occhi.

Tutto, quel giorno, le sembra un sogno. La luce gloriosa di maggio, il sole sulla pelle, finalmente, il cielo e il mare che sembrano correre verso l'infinito, mentre l'aliscafo sobbalza e plana veloce sulla superficie, lasciando una lunga scia bianca.

Solo per un attimo un'ombra le attraversa la mente: il pensiero che in fondo a quella scia, sulla terraferma, c'è il carcere che l'aspetta. Si sa, tutti i sogni finiscono al risveglio.

Scuote la testa, per adesso non vuole pensarci. Adesso vuole solo godersi la meraviglia che ha intorno e la compagnia di Salvatore. Da quanto tempo non si sentiva così viva? Si riempie i polmoni di quell'aria libera e profumata di sale.

Alla loro sinistra, il profilo della penisola di Sorrento si lancia nell'ultimo abbraccio del Golfo di Napoli, e poi, fuori da quell'abbraccio, appare la schiena dell'isola, circondata dal blu luminoso dell'acqua.

«Ma ci possiamo fare il bagno?» chiede, timida e speranzosa.

Salvatore le risponde con una risatina. «Nun tenimm' manco i costumi!»

«Ma chi se ne fott'?» fa lei. Poi, rendendosi conto che quello potrebbe sembrare un invito a spogliarsi e tuffarsi insieme, nudi, arrossisce e torna a guardare il porto che si va avvicinando. «Allora entriamo in acqua coi vestiti, chi ci dice niente?»

«E quando ci asciughiamo poi? Lascia stà...»

Ma lei intuisce che c'è qualcosa sotto. Non è da lui tirarsi indietro in quel modo. «Salvatò...» lo incalza, con una smorfia un po' sadica, puntandogli un dito sul petto. «Dimm' 'a verità: tu sai nuotare?»

«Mica siamo venuti per nuotare, Vincè!» e si avvia verso la passerella.

«Aspetta!» Lo afferra per il polso e lo trattiene. «Nun t'arrabbià. Nun fa niente. Anzi, ti insegno io, sono brava!» Si solleva sulle punte e gli dà un bacio sulla guancia.

Lui torna a sorridere, intenerito. «Eh, bravissima proprio. Soprattutto a ti beccà nu colp' n' fronte!»

Per scappare ai pizzicotti di Vincenza, Salvatore si mescola alla folla, ma tanto con quella busta misteriosa che si porta appresso è impossibile perderlo di vista.

Quando lo raggiunge sul molo, però, Vincenza rimane immobile, a bocca aperta, incantata da quella minuscola terra felice sulla quale sono appena sbarcati. La Marina Grande, affollata di barche ormeggiate, le case a un passo dal mare e quelle incastonate sulla collina come miniature di un presepe immenso. Quanta bellezza!

«Vieni con me» le dice Salvatore, tendendole la mano.

Lei sa che può fidarsi, anche perché lui Capri la conosce, c'è già stato altre volte. Fa di sì con la testa, lo prende per mano, e si lascia condurre verso l'autobus, insieme ai turisti stranieri e agli italiani che parlano con accenti del Nord.

Per tutto il tragitto continuano a battibeccare e a prendersi in giro, ridendo a voce alta. Poi, dopo l'ultimo tornante, l'autobus si ferma e apre le porte: si scende.

«Vieni con me» ripete Salvatore, e lei è felice di farsi guidare.

Pochi passi, e davanti a loro, racchiuso tra gli ombrelloni di un lido e i tavoli di un ristorante, si apre lo spettacolo di Marina Piccola: un fazzoletto di spiaggia dorata, incorniciato da un arco di roccia scenograficamente lanciato dalla terra al mare. Sul bagnasciuga, ombre e riflessi creano un incantesimo di colori, sui toni dell'azzurro smeraldo. Il fondale di questo luogo da fiaba è un'imponente roccia, sulle cui pareti nude si aggrappano cespugli e arbusti verdi.

Salvatore si aspettava di trovarlo deserto, quel posto, e invece è pieno di gente. Per trovare un riquadro libero dove mettersi a sedere devono zigzagare in mezzo ai teli, agli zaini, alle gambe e alle braccia delle persone distese al sole.

Vincenza, invece, è estasiata. Si stringe forte a Salvatore, e con lo sguardo colmo di gratitudine gli scaccia ogni fastidio dalla mente. Si toglie in fretta le scarpe e le calze e affonda i piedi nel tepore dorato della sabbia. Poi, via, saltellando come una bambina corre a sentire il fresco dell'acqua sulle caviglie.

Lui, però, non ci tiene a bagnarsi. Adora Capri, gli piace il mare, ma soltanto visto dalla terraferma. È uno scugnizzo di città, lui.

Si china a frugare dentro la busta e tira fuori un grande telo batik, celeste e bianco. Lo stende, ci si siede sopra e...

Che vogliono quei due? Due ragazzi in costume stanno parlando con Vincenza. Vicini, troppo vicini: Salvatore si alza e a pestando i piedi va a controllare. Dalle parole che afferra gli sembrano spagnoli, o argentini. Li guarda di traverso, e quelli si allontanano – messaggio ricevuto, è riuscito a marcare il territorio.

Poi guarda male pure Vincenza, e senza dire una parola le volta le spalle e torna a sedersi.

Lei rimane interdetta. Lo segue, preoccupata che l'incantesimo si sia spezzato.

«Che succede?» gli chiede.

Ma lui non risponde, si volta dall'altra parte.

«Ho fatto qualcosa di male?» Nel pronunciare quelle parole Vincenza si sente addosso un peso che non le appartiene. Altre manette ai polsi – e lei di manette non ne vuole. Sa benissimo di non aver commesso nessun errore, è Salvatore che la vuole controllare, anche lui un animale pronto ad azzuffarsi per mettersi sopra agli altri. Ma lei non ci sta. E che? Esce da un carcere per finire nelle mani di un altro carceriere?

Adesso è arrabbiata.

Si alza e se ne va dentro il ristorante, senza voltarsi. Tanto è sicura che lui la sta guardando, preoccupato e pentito.

Compra una birra, si affaccia a berla sotto uno degli ombrelloni del chiosco. Imbronciata, fissa le onde che si inseguono sulla battigia: possibile che anche i legami del cuore siano così, altalenanti, instabili?

«Me lo dai un sorso?» le sussurra Salvatore, un secondo dopo, raggiungendola.

«Non te lo meriti» dice lei. Ma già il rancore si è dissolto. Senza neanche rendersene conto ora sta recitando, fa la sostenuta, l'offesa.

«Mi posso far perdonare?» Anche lui ha l'animo di nuovo disteso.

«Non serve. Perché io sono buona e generosa» e gli tende la bottiglia.

Lui ride e beve. Vincenza non può fare a meno di seguire le sue labbra, che si poggiano dischiuse dove un secondo prima poggiavano le sue.

«Tieni fame?»

«Un po' sì, ma che ci pigliamo qua?» risponde Vincenza.

«Che domanda! Lo sai che io sono pastaiuolo!»

Riappacificati, leggeri, ordinano al bancone: un'insalata fredda di pasta per lui e una pizzetta salsiccia e friarielli e un piccolo casatiello per lei.

In spiaggia, sul telo celeste, non fanno neanche in tempo a mettere giù il cibo che un gabbiano scende in picchiata a tutta velocità e in un attimo, nel frullare delle enormi ali piumate, afferra con il becco la busta con il pranzo di Vincenza e se ne vola via, portandosela appresso.

I due ragazzi si guardano, e più stupiti che arrabbiati, scoppiano a ridere all'unisono.

È quella la loro forza, pensa Vincenza: insieme ridono sempre. E poi, con tutti i problemi che c'hanno, pfff, quello è nulla in confronto.

«Fortuna che ci stanno due forchette» le dice Salvatore, porgendole il suo piatto.

«Ah, lo vedi che anche tu sai essere buono e generoso?»

Già. Salvatore mangia qualche boccone, poi finge di essere già pieno: piuttosto resta digiuno, ma vuole che Vincenza si sazi.

Dopo pranzo si stendono a pancia in giù sotto al sole, mano nella mano. Giocano a indovinare le canzoni che passano al lido dalle prime note, e poi cantano sfidandosi a chi ricorda meglio le parole. Tutti e due spalancano gli occhi, entusiasti, alle prime note di *Niente* di Liberato. La amano entrambi: forse è un segno del destino. «Quann' t'agg' ncuntrat' nun sapiv' l'ammore...» Forse era la loro canzone da sempre, da prima che si incontrassero.

Con lo stordimento di chi sta per prendere sonno da un momento all'altro, trascinando le parole Vincenza chiede: «Ma me lo vuoi dire che hai in questa busta?»

«T'o dic' oggi pomeriggio.» Un attimo di pausa, un'incertezza che Vincenza non si sa spiegare. «Anzi, jammuncenn'. Ti devo fare vedere un sacco di cose ancora» aggiunge lui subito dopo, alzandosi e tirandola per un braccio.

Ai giardini di Augusto si dividono una granita di limone strepitosa. Una delizia che solo a Capri sanno fare, assicura Salvatore. Subito dopo la spinge verso i bagni e lì, finalmente, le mostra il contenuto della busta. Un completo giacca e pantalone. E un vestito elegante, da signora.

«Ti va di indossarlo? È per un'altra sorpresa speciale» le dice, un po' imbarazzato.

A Vincenza piace tantissimo, le sembra un gesto così romantico, in quella fuga da sogno che ha organizzato solo per lei. Sorride e corre in bagno a cambiarsi, mentre lui fa la stessa cosa nel bagno degli uomini.

Qualche minuto dopo si ritrovano faccia a faccia. Sotto l'abito nero, Salvatore ha una camicia bianca e una cravatta rossa. Si è cambiato anche le scarpe: ha indosso dei mocassini lucidi, e lucida è pure la cintura. Un figurino.

Vincenza gli sembra un'altra persona. Lui l'ha sempre vista in jeans e maglietta, e adesso, in quell'abito bianco e azzurro con una fantasia damascata, stretto in vita e con le maniche corte, è ancora più bella.

È come svegliarsi da un sogno fantastico e scoprire che la realtà è anche meglio.

A entrambi un po' scappa da ridere – sembrano invitati a un diciottesimo – un po' si vedono sotto una luce diversa, più adulta.

Fanno due passi, l'uno verso l'altra. Salvatore la guarda e la riguarda, incantato, e Vincenza s'imbarazza.

Le sistema la frangetta, scostandola dagli occhi e pensa che, in mezzo ai fiori che li circondano, lei è il fiore più bello di tutti.

«Vieni con me» le dice, emozionato, e insieme salgono gli ultimi gradini, quelli che portano alla vista più bella sui Faraglioni di Capri.

Davanti a loro lo spettacolo tinto d'azzurro e verde del mare, gli alberi sui pendii, le barche in rada sotto il sole. L'odore del sale e il profumo dei fiori riempiono i polmoni.

Si godono quel momento e quel panorama, con un senso di pace nell'anima. È come se non esistesse più nulla, all'infuori di loro due. Si siedono su una panchina, scherzano e ridono, consumando le ore, mentre il sole si avvicina al mare e la luce che li avvolge cambia i colori.

Poi Salvatore si alza, allarga le braccia per stiracchiarsi e si accorge che appoggiata alla balaustra c'è una ragazza, tutta sola. Vestita di giallo, minuta, sembra incantata dal panorama. Lui non l'ha vista arrivare, eppure è proprio lì, dritto davanti a loro. Fa un gesto a Vincenza, come a dire: *e questa mò da dove sbuca fuori?*

Vincenza si alza e le si avvicina, meravigliata quanto lui, e subito si accorge che qualcosa non va. Non è una ragazza, è una donna, più grande di loro, avrà una trentina d'anni. A ingannarli è stato il fatto che è magra, magrissima, praticamente uno scheletro.

Quando si volta verso di loro Vincenza nota i suoi occhi, pieni di una tristezza cupa, dolorosa.

«Tutto a posto? Stai bene?» le chiede.

La donna scuote la testa, le labbra chiuse. Sembra debolissima.

«È successo qualcosa?»

Di nuovo un cenno, muto: uno scatto del capo a indicare il mare. Oltre lo strapiombo, due gabbiani scendono disegnando eleganti cerchi nell'aria, le ali bianche spiegate e quasi immobili.

Vincenza si porta le mani sulle guance, ha paura che quella voglia buttarsi di sotto.

Salvatore, invece, per rompere l'imbarazzo prova a fare il simpatico: «Dici i gabbiani? T'hanno rubato il pranzo pure a te?»

La donna accenna un sorriso impercettibile. «Li conosco tutti i gabbiani di qui. Anche quelli di Napoli, e quelli di tutto il mondo.» La sua voce, sottile, è melodiosa come un canto rassegnato.

«Ah, ok...» fa Vincenza. Le si affianca, lasciando vagare lo sguardo sul mare.

Salvatore le dà una pacca sulla spalla, poi si tocca la tempia con un dito. È una fuori di testa, evidentemente. Ma Vincenza non lo vuole capire, e riprende a parlarle. «È bella Capri, eh?» le dice.

Il viso tirato della donna si illumina. «Sì, è bellissima. Grazie.»

Salvatore trattiene a stento una risata. «Perché, è tua!?»

La donna gli risponde con tutta la calma del mondo: «Sì, è mia. Pure Napoli è mia».

E mentre lui ridacchia, sempre più convinto di avere a che fare con una squilibrata, Vincenza le chiede: «Perché sei triste?»

Dopo una lunga pausa di silenzio, occhi negli occhi, la donna dice, in un soffio: «Chi ama tanto, soffre tanto».

«Sei innamorata di qualcuno, quindi!» esclama Vincenza, sollevata.

Ma la donna torna a guardare giù, di sotto. «Di tutti, amo pure voi.»

Salvatore bisbiglia: «Come ci può amare, che non ci conosce proprio!» e per tutta risposta Vincenza gli assesta una gomitata, per farlo stare zitto. Nella sua mente affiora il sospetto che sia la debolezza a farla delirare in quel modo. «Forse hai fame?» le domanda. «Vuoi che ti portiamo qualcosa da mangiare?»

Un altro silenzio, rotto dalle grida dei gabbiani. «Io vorrei mangiare fino a scoppiare, così tanto da buttarmi da qui sopra sul vostro aliscafo e sfondarlo, così oggi restate qua!»

«Ma noi non vogliamo che ti butti di sotto, noi vogliamo che tu stia bene. Io pure ti amo, pure Salvatore ti ama. È vero, Salvatò?»

«Come no» fa lui, ironico. «Non hai idea, io senza di te non ci so stare!»

La donna, però, non sorride. «Ma non posso, Vincè.»

E allora Vincenza si pietrifica. Ha già vissuto altre volte quella sensazione. «Tu sai come mi chiamo?» balbetta.

«Sì, certo. E anche come si chiama lui. Salvatore, no?»

Vincenza sente la gola seccarsi, mentre Salvatore resta scettico: magari sa i loro nomi solo perché era seduta insieme a loro in aliscafo, oppure perché stava anche lei a Marina Piccola, in mezzo alla gente, magari sul telo accanto. «Jammuncenne, jà» le dice.

Lo sguardo della donna trattiene ancora Vincenza. «Lo so che tu mi ami e non vuoi che mi butti sull'aliscafo» le dice. «Ma rimpiangerai che io non l'abbia fatto.»

Vincenza stringe il braccio di Salvatore, gelata da un orribile presentimento: «Quando?»

La donna muove appena le labbra, come se non avesse più forze. «Presto» sussurra.

«Andiamo via» dice Vincenza a Salvatore, contrariata, e si allontana, senza voltarsi a guardare quella sconosciuta.

Per tirarle su il morale, lui le propone di andare a vedere la Certosa, ma dopo un po' si ritrovano a camminare in silenzio, fianco a fianco, senza darsi la mano. Quell'incontro ha scosso qualcosa dentro Vincenza. Ora avverte un leggero senso d'angoscia. Indefinibile, inafferrabile, eppure presente. Come uno spettro cattivo che ha deciso di infestarle il cervello. I pensieri si rincorrono in mille direzioni diverse. E alla fine, anche se non vorrebbe discutere né litigare, il desiderio di capire ha la meglio.

«Da dove li hai presi?» gli dice, fermandosi di punto in bianco.

Salvatore non afferra. «Cosa?»

«I soldi, Salvatò! Per venire qua, per la moto, per tutto!»

Lui distoglie lo sguardo, fa un gesto scocciato. Proprio come quando non voleva raccontarle dell'orologio. Vincenza si sposta, per mettersi di nuovo faccia a faccia.

«Allora? A chi hai rubato questa roba? Chi è che piange per colpa tua?»

Lui sorride appena, guardandosi le scarpe. «No, Vincè, stavolta ti sbagli.»

Solleva una mano e prova a carezzarle la guancia, ma lei si scosta.

«Dimmi la verità.»

Lui sospira e confessa: «Ho lavorato. Vabbuò?».

Vincenza lo guarda dubbiosa, le mani sui fianchi. Lo studia, per capire se sta mentendo.

«Vincè, credimi! Mi metto vergogna, ma veramente ti dico: me li sono guadagnati quei soldi!»

Lei non sembra per niente convinta. Anzi, si sente proprio presa in giro. «Ah sì? E la moto? Quella non l'hai rubata? L'hai detto tu!»

Lui scuote la testa, serio. «La moto è del papà di Gaetano. Ho fatto il fenomeno perché mi mettevo scuorno che non era mia, e perché non ti volevo dire che stavo lavorando in una pizzeria a piazzetta Carolina. Io sono uscito tre settimane fa dal carcere di Nisida. Le lettere che la tua amica Alessandra ha inviato non mi sono mai arrivate perché il postino le metteva nella cassetta accanto, pensando che io stavo ancora dentro. Poi un amico mio ha visto che erano così tante, tutte uguali, ha preso e me l'è venute a portare. E quando ho letto la tua poesia ho pensato che pur di farti felice sarei andato a lavorare.»

L'espressione sul volto di Vincenza è già meno dura.

«E ti posso dire una cosa?» continua Salvatore. «Mi piace. Lavorare, intendo. Pure perché quando lavoro so che ho i soldi per poter stare con te e girare tutta Napoli e spendere per farti contenta. E allora sono contento pure io!»

Vincenza è senza parole. «Non stai scherzando, vero?» balbetta. «Giura, Salvatò!»

Il ragazzo si porta la mano destra sul petto e alza la sinistra, in posa solenne. «T'o giur' n'copp'a san Gennaro, la Madonna e tutti i santi.»

Vincenza lo abbraccia, e appoggia la testa sul suo cuore.

«Non piangere però» le sussurra Salvatore con i suoi capelli tra le labbra.

Lei scoppia a ridere, ma continua a nascondere la faccia contro il suo petto. «E perché?» mormora da lì sotto.

«Perché mò c'è la sorpresa speciale che ci aspetta.»

Capitolo 18

Tra i vicoli di Capri, nell'aria fresca della sera, Vincenza si gode la meraviglia di luce che la circonda. È come se le avessero costruito tutto intorno la più incredibile delle scenografie, dovunque si giri c'è qualcosa che la lascia a bocca aperta. Le insegne con le pubblicità, le vetrine straripanti di vestiti, gioielli, ceramiche, i turisti carichi di buste con il marchio stampato sopra, le facciate bianche immacolate, e poi gli scorci tra le case che di colpo rivelano il blu cobalto del mare, sotto gli ultimi chiarori del sole appena tramontato.

Si ferma a ogni passo, rapita dal particolare di un abito lungo interamente ricoperto di strass, attratta dallo scintillio di centinaia di pietre preziose su un collier che manco una regina si può permettere. E Salvatore quasi deve trascinarla via per riprendere a camminare.

Ai tavolini dei locali, donne e uomini elegantissimi e abbronzati sorseggiano cocktail in enormi bicchieri, proprio come in un film. Sono rilassati, contenti. A

Capri, si respira la gioia di vivere, prepotente e festosa. Certo, quella gente ha i soldi e ha la libertà, ma sa anche come godersele. Vestirsi bene, immergersi nella bellezza, ridere.

A un tratto Vincenza pianta i piedi, davanti a un negozio di souvenir.

«Jamm', Vincè» le fa Salvatore, tirandola per la mano.

«Aspetta nu mument'.»

«Te vuò accattà 'o limoncello?»

Lui scherza, ma lei è serissima. «Guarda» gli dice, e con il mento fa cenno verso la vetrina.

«Ch'aggia guardà? 'E buttiglie? I vasetti?»

Vincenza non risponde, è come incantata. Seguendo il suo sguardo, Salvatore capisce: non sta fissando la merce esposta, ma il riflesso sul vetro. Mette a fuoco anche lui.

Un ragazzo in giacca e cravatta, con una busta in mano – non fa niente se contiene solo un cambio di vestiti – tiene per mano una bellissima ragazza fasciata da un abito bianco e azzurro. Sembrano due turisti come tutti gli altri.

Vestiti bene. Immersi nella bellezza. Ridono. Si godono la felicità di quel sogno avverato.

Vincenza si rimette in marcia, quasi correndo, e strappa così un sorriso a Salvatore.

Ma di nuovo uno scenario d'incanto le mozza il fiato e le fa spalancare gli occhi dallo stupore. Nella piazzetta, oltre la torre con l'orologio, una terrazza lastricata si affaccia direttamente sul monte e sul mare. Non c'è un muro a delimitarla, soltanto delle colonne e una ringhiera: pare di stare al balcone di casa, ma sullo sfondo c'è tutto l'incanto di Capri. Un panorama infinito sull'acqua, costellato di luci e riflessi dorati. Un sogno nel sogno.

Vincenza rivolge a Salvatore uno sguardo pieno di gratitudine. «Che bella sorpresa, Salvatò!»

«Ma che dici, Vincè! Non è questa!» scoppia a ridere lui. «Vieni, ti porto a cena.»

Di nuovo la prende per mano.

E di nuovo lei tentenna.

Negozi di lusso, gente d'alta classe, ristoranti raffinati. Non è il loro posto.

Per quanto l'impressione di essere sospesi in una bolla di magia sia forte, c'è una bella differenza tra il teatro e la vita vera, e il lusso che li circonda è fin troppo concreto. Ogni cosa che ha visto ha un costo, e non è per niente basso. Non è possibile che Salvatore abbia tutti quei soldi. Lavora onestamente da troppo poco. E poi, quando ha pagato il pranzo, lei ha visto che nel portafogli gli erano rimasti sì e no dieci euro. Con quelli non ci paghi neanche il coperto, nei ristoranti della piazzetta.

Eppure è proprio lì che la sta portando. Nel locale più bello, più grande, più chic di tutti.

«Aspettami qui un attimo.»

Vincenza non sa cosa pensare mentre Salvatore si avvicina al maître, un ragazzo sulla ventina, con il logo del ristorante sul risvolto della giacca nera. Forse è impazzito... oppure ha in mente qualcosa di brutto, di disonesto.

Ai tavolini diverse coppie brindano e bevono champagne da sottilissimi flûte di cristallo. Sono tutti signori e signore eleganti, non ci sono ragazzi della loro età né bambini. Le donne hanno gioielli vistosi e sono truccate come attrici del cinema. E i capelli, poi: sembrano tutte appena uscite dal parrucchiere.

Dopo un po' Salvatore scambia una pacca sulla spalla con il cameriere e torna da lei.

«Tutto a posto, andiamo.»

Ma lei non si muove. Anzi, lo strattona e a denti stretti gli sibila all'orecchio: «Uè uè! Ma lo sai quanto costa qua?!».

Lui ribatte con nonchalance: «Vieni, non ti preoccupare. Mmò veco io.»

Ancora timorosa, Vincenza oltrepassa la soglia con lui.

«Buonasera, Salvatore» lo apostrofa il maître, facendogli l'occhiolino. «E buonasera alla tua signora.»

«Buonasera, buonasera» risponde lei educatamente, a occhi bassi.

«Vi ho riservato il tavolo 8, in terrazza. Da quella parte.»

A quanto pare Salvatore non ha preteso solo il locale migliore: hanno anche il *tavolo* migliore, quello con una vista sconfinata sul mare.

«Hai visto che qualcuno conosce pure il nome mio?» le chiede, tutto contento.

Lei non fa in tempo a replicare, perché subito li raggiunge un cameriere, anche lui in giacca, con i capelli gelatinati e con tanto di tovagliolo bianco al braccio. Dopo averli salutati con una riverenza, accende una candela bianca e la sistema nel portacandela decorato al centro del tavolo. Quindi porge loro i menu e, in tono professionale e rigoroso, passa a illustrare le specialità della casa e a elencare i piatti del giorno dello chef.

Un po' in imbarazzo – perché il cameriere ha usato il lei, come si fa con i gran signori! – sia Vincenza che Salvatore si rifugiano nel menu come se fosse uno scudo, quasi ci si nascondono dietro.

Solo che appena vede i prezzi, Vincenza sbianca. Non c'è niente che costi meno di venti euro. Neanche un piatto. Con le loro finanze possono pagarsi giusto il cestino del pane.

Probabilmente lì si paga, e caro, anche solo per rivolgere la parola al personale di sala. Chiude subito il menu e butta lì: «Per me un panino con prosciutto cotto».

Salvatore le accarezza una mano, sul tavolo, e le bisbiglia: «Da sopra al menu, Vincè. Cosa ti piacerebbe mangiare?».

Lei temporeggia, vorrebbe dirgli che costa tutto troppo ma si vergogna davanti al cameriere, così incespica nelle parole.

Salvatore le dà una carezza sul viso. Ha capito. «Non guardare il prezzo, dimmi quello che vuò, dai. Stai serena.»

Ma lei non spiccica una sillaba.

Il cameriere sorride e scuote la testa, comprensivo. Gli è bastata un'occhiata per capire che quei due ragazzini non hanno mai messo piede in un ristorante di livello, e anzi forse non sono mai entrati in un ristorante e basta. «Vi lascio ancora qualche minuto?»

Allora Salvatore prende l'iniziativa: «No, siamo pronti. Facciamo così. Di antipasto bruschette per me, e per la principessa gamberi crudi. Poi per lei linguine con astice, e per me gnocco ai frutti di mare».

Il cameriere chiede se vogliono ordinare anche il secondo, ma loro fanno di no con la testa, stanno bene così.

«Desiderate qualcosa da bere?»

«Per me acqua ambiente naturale» risponde Salvatore.

«Una birra, se possibile...» sussurra Vincenza.

Ma il cameriere, adeguandosi al suo tono di voce: «Sono spiacente, signora, non abbiamo la birra. Se gradisce possiamo servirle un calice di vino».

Di nuovo interviene Salvatore: «Va bene il calice».

«Vuole che le porti la carta dei vini alla mescita?»

«Fai tu... Faccia lei! Anzi, facciamo due calici, grazie!»

Non appena quello si allontana, Vincenza si china sul tavolo e con gli occhi fuori dalle orbite bisbiglia: «Ma ti sei impazzito? Qua ci arrestano!».

Ma quello sconsiderato ride! Sì, ride di gusto.

Lei incrocia le braccia, in attesa di una spiegazione.

E finalmente Salvatore si decide a raccontarle con orgoglio il suo piccolo segreto, l'asso nella manica che gli ha permesso di realizzare quel piccolo, grande colpo di scena. Il proprietario della pizzeria dove lavora, a piazzetta Carolina, è lo zio del gestore di quel ristorante. Al ragazzo all'ingresso è arrivata l'ambasciata da Napoli di non fargli pagare nulla, un omaggio perché Salvatore si è mostrato serio e disponibile fin dal primo giorno, e il proprietario della pizzeria lo ha preso a cuore.

Adesso possono rilassarsi e gustarsi gli antipasti, l'astice succoso, il vino fresco e profumato.

Tra le chiacchiere e le risate, rientrano nella loro intimità, dimentichi di trovarsi quasi gomito a gomito con uomini e donne dell'alta borghesia. Chissà se qualcuno dei presenti li prende in giro quando con una tozzola di pane iniziano a fare la scarpetta.

A un certo punto al tavolo si avvicina un signore con un mazzo di rose.

Senza pensarci su, Salvatore tira fuori dal portafogli gli ultimi spicci che ha e ne compra una.

Vincenza si sente avvampare, capisce di essere arrossita, ma non può farci niente. Non sono solo gli sguardi di tutti i presenti, è la consapevolezza che quel gesto è unico: prima di allora Salvatore non era mai stato apertamente dolce con lei, in pubblico.

In quello stesso istante sale in terrazza una piccola orchestrina di chitarre e mandolini. Il maestro, vedendoli così presi l'uno dall'altra, esordisce con: «Un applauso per questi giovani innamorati!». Le persone ai tavoli cominciano a battere le mani, e sull'onda dell'incitamento Salvatore perde del tutto l'aria da duro. Con giusto un filo di voce, le sussurra: «Ti amo, Vincè».

Lei si copre il viso. Un po' per l'imbarazzo, un po' per l'emozione. Vorrebbe ricambiare le due parole, così semplici eppure così uniche, che ha appena sentito. Ma le è tornato addosso un senso di colpa che le cuce la lingua.

Non è stata del tutto sincera.

Sotto il gazebo, contornato di lucine a festa, i musicisti attaccano a suonare una melodia delicata e antica: è Sergio Bruni, *'Na bruna*. Salvatore propone un brindisi con gli ultimi sorsi di vino ancora nei calici, poi si alza, prende la sua signora per mano e la invita verso la pista.

È un altro vortice che rapisce i sensi. Le luci sopra le loro teste e quelle della Marina, giù a mare, in lontananza. Il vino che ti dà come un pizzico dentro il cranio e ti fa ridere, ridere e ballare, anche se nessuno dei due ha mai danzato un lento in vita sua. In quella perfezione, i movimenti si coordinano naturalmente, si sposano alle note come per destino.

Alla fine, stanchi e felici, Vincenza e Salvatore si meritano un altro applauso, di cuore.

È strano vedere signori impettiti e signore raffinate mostrare tutta quella benevolenza: di solito la gente così, a due come loro, li guarda con disprezzo. Ma Capri è magica, a quanto pare.

Ed è strano, e pure un po' magico, anche uscire da un ristorante di lusso, dopo una cena deliziosa, senza pagare un centesimo e accompagnati dai saluti calorosi di tutti i camerieri.

Più ci pensano, più ridono, intanto che scendono verso la costa, lasciandosi la città, le luci, la gente alle spalle.

È Salvatore a fare strada, di nuovo. Mentre si arrampicano sugli scogli, sotto la luna, Vincenza non può fare a meno di pensare che dev'essere buffo vedere una coppia di ragazzi vestiti eleganti scalare le rocce con una busta di vestiti e una rosa rossa in mano...

Ma c'è un altro pensiero che la tormenta, adesso. Il senso di colpa. Raccogliendo il coraggio e quel po' di incoscienza che le ha infuso il vino, Vincenza decide di parlare.

«Salvatò, t'aggia ricere 'na cosa.»

«Che c'è? Nun me fa preoccupà» scherza lui.

«Sono stata io a fare quella telefonata anonima.»

Il sorriso gli muore sulle labbra. La fissa per un attimo lunghissimo con occhi increduli, senza sapere cosa dire, cosa fare.

«Non mi odiare, ti volevo solo salvare.»

Poi gli confessa tutto, tutto quanto, le cose che ha dovuto fare, l'incontro con il boss, le notti al freddo per spacciare e ripagare il debito, fino alla cattura, compreso il colpo di remo in testa.

Alza lo sguardo e vede che Salvatore tiene la testa bassa. Adesso non lo può guardare negli occhi, e l'assale la paura di averlo perduto per sempre.

«Scusami, Salvatò» gli dice, la voce rotta.

Ma lui non è più amareggiato. Ha compreso fino in fondo il suo gesto. Ha capito di aver ricevuto da Vincenza un amore grande, che nessuno mai gli aveva riservato.

Per lui ha compiuto un vero sacrificio. È qualcosa che colma nel suo petto ogni senso di vuoto, ogni dolore passato. Gli rallegra l'anima. Non è la rabbia a incendiargli il cuore.

«Vincè, scusami tu» le dice, e poi l'abbraccia forte.

Contro il suo petto, Vincenza si abbandona. Si sente capita, accolta, giustificata. E finalmente liberata di quel peso.

Restano così per un minuto, o forse un'ora, il tempo è diventato un'astrazione.

Salvatore si scioglie dall'abbraccio solo quando vede, poco distante, una barchetta legata con una corda.

«Vieni con me.» Ormai è il loro messaggio speciale, l'inizio di ogni nuova avventura.

A passo lento saltellano da uno scoglio all'altro.

«Addò jamm'?» gli chiede Vincenza dopo un po'.

Salvatore la sostiene con la mano per aiutarla a scendere dall'ultimo scoglio.

«Ti porto a vedere una cosa» dice, ancora misterioso.

Tira la fune per avvicinare la barchetta a remi, e con un balzo ci sale sopra.

«Salvatò, ma sei pazzo?» fa lei, scandalizzata, guardandosi intorno. «E se ci sgamano?» Ma intorno c'è solo buio, il suono della risacca e il loro respiro.

«Fidati di me!» insiste Salvatore. Le tende una mano, e Vincenza si decide, salta dentro e va a sedersi a prua.

Lui scioglie il nodo della fune, armeggia un po' per sistemare i remi e poi comincia a vogare, mentre lei osserva ora i suoi movimenti, ora le scogliere alte e minacciose che costeggiano.

Dopo un po' lui tira dentro i remi e le sussurra: «Vincè, abbassa la testa».

E subito le dà l'esempio piegando il collo, mentre la barchetta oltrepassa l'arco naturale che fa da ingresso alla Grotta Azzurra. Appena si ritira su, Vincenza scopre di essere dentro un miracolo della natura. L'acqua, quell'acqua che di fuori era del colore cupo della notte, lì dentro ha uno splendido riflesso smeraldo. Sembra che ci sia un bagliore sovrannaturale a illuminarla, un luccichio tra le rocce che la racchiudono, ma è impossibile individuare da dove provenga. In quell'atmosfera incantata, sul soffitto brillano le punte delle stalattiti, come denti di calcare.

Vincenza e Salvatore si guardano intorno estasiati. Muovono le teste all'unisono verso il fondo del mare, poi verso l'alto e poi, nello stesso istante, tornano a guardarsi occhi negli occhi.

Ci sono solo loro due, cullati dolcemente dall'acqua. Tutto intorno si crea un silenzio beato, i cuori di entrambi iniziano a battere forte.

Sentono che sta per succedere qualcosa, che tra loro due c'è stato un cambiamento impercettibile eppure reale, che il loro legame è maturato, superando l'altalena di emozioni di quella giornata indimenticabile.

Sono tesi, hanno paura. Ma più forte della paura è il desiderio.

Si avvicinano, lentamente.

Senza mai staccare lo sguardo.

Fino a trovarsi naso a naso.

Tremando, piegano la testa. E poi succede.

Si baciano.

E ogni paura svanisce.

È un bacio diverso da tutti gli altri che Salvatore ha conosciuto. Più intenso, più adulto.

Vincenza gli accarezza il volto, lui la stringe con la mano fra i capelli, proprio dietro la nuca.

I sensi li trascinano, si perdono l'uno nell'altra ed entrambi in quell'abbraccio, in un tempo sospeso in cui un minuto sembra un'eternità e nello stesso momento un battito di ciglia.

Quando si staccano, per rifiatare, tutti e due sembrano stravolti, si sorridono con un po' d'imbarazzo.

Vincenza non ha mai provato niente del genere, sente di essere a un passo dalla sua prima volta, e non può negare che nel caos che imperversa nel suo cuore c'è anche l'incertezza. Il timore.

Salvatore è incendiato dalla voglia, la travolge con un altro bacio appassionato, con tanto slancio che si ritrovano stesi sul fondo della barca, stretti stretti, avvinghiati. Poi lui allunga una mano, la sfiora con cautela, la fa risalire sulle gambe ...

Vincenza si irrigidisce, si pietrifica. Di scatto allontana di netto la mano di Salvatore e gli molla uno schiaffo, tirandosi su a sedere.

Salvatore è mortificato. Toccandosi la guancia si tira su anche lui. «Scusa...» mormora.

Teme di aver rovinato un bel momento, di averle fatto una brutta impressione. Non vuole che lei si senta minacciata, o in pericolo...

Quando sente i singhiozzi irrefrenabili, le lacrime che scorrono senza sosta, capisce che c'è qualcos'altro dietro quella reazione così improvvisa.

E così, tra un singhiozzo di Vincenza e una carezza di Salvatore per asciugarle le guance, inizia il racconto: tutte le angherie subite in carcere, le cattiverie inferte giorno e notte dalle detenute più grandi, gli sfottò e le umiliazioni sopportate chinando la testa, fino a dimenticarsi di sé stessa.

Fino a rifiutare il suo stesso corpo.

Pure lei, come Salvatore, voleva fare l'amore. Era il momento perfetto, a coronamento di una giornata da sogno, in un posto da sogno, più romantico che mai. Ma poi quella perfezione si è incrinata, nella sua testa sono riaffiorati ricordi e immagini che l'hanno bloccata. È stato come rivivere da capo quei momenti terribili. Lo stesso terrore, la stessa repulsione.

Salvatore sente crescere dentro di sé due emozioni contrastanti. Da una parte ruggisce una rabbia cocente per tutte le difficoltà e le ingiustizie che Vincenza ha dovuto affrontare nella vita. Dall'altra si distende una tenerezza infinita verso quella creatura così dolce e così indifesa, eppure così coraggiosa.

«Vieni» le dice, rimettendosi ai remi. «Usciamo da qui.»

Lei fa di sì con la testa, mentre lui, un lento colpo di remi alla volta, riporta la barca fuori, sotto il cielo, alla luce delicata della luna.

Scompigliandole i capelli, le dice: «Ci siamo fatti magri, nennè!».

Lei ricambia il gesto, timidamente. «Essì, nenno!»

Si sorridono, complici, a usare quei nomignoli da innamorati.

«Mi sembri più piccola» le dice.

«Con te posso finalmente essere piccola.»

Poi gli si avvicina e gli si siede addosso, con la testa sul suo braccio sinistro, quasi fuori dalla barca.

Lui la sostiene, si piega a fissarle negli occhi.

«Vincè, non ti prendere collera per prima. Non è successo niente.»

Lei annuisce, sentendosi compresa, ancora una volta. Dentro di sé sa che quella è l'ulteriore conferma di un sentimento profondo che li unisce.

Chiude gli occhi. Le piacerebbe addormentarsi così, con la testa tra le braccia e le mani di Salvatore, sospesa in quel dondolio, affidandosi, almeno per una volta nella vita, a qualcuno di cui può fidarsi ciecamente.

Riapre gli occhi quando sente Salvatore ridacchiare. «Ci pensi se mi distraggo e lascio la presa?»

Fa la mossa di lasciarla cadere in acqua e ride, come un cretino.

Lei sta al gioco. «Farei tipo così» e si inventa una faccia buffa, come quelle che le hanno insegnato Tartariello e Michele al laboratorio.

«Sei proprio bravissima, Vincè» le dice Salvatore, ridendo fino alle lacrime.

Nella notte di Capri i loro occhi brillano, in silenzio passano i minuti, tra una carezza e un sospiro.

Quando Vincenza si addormenta, a Salvatore non passa neanche per la mente di mollare l'abbraccio. La osserva dormire, le labbra e le palpebre che ogni tanto tremolano, forse per il ricordo dei traumi che si porta appresso e che le turbano il sonno.

Cuore a cuore, dondolano sul blu scuro dell'acqua, tra i grilli che con il loro verso suonano a ninnananna e i Faraglioni che, mastodontici, li nascondono al mondo. Nel buio la terra è lontana, lontanissima da quella barchetta che scivola sul mare infinito.

Capitolo 19

Solo lo scalpiccio dei passi, soltanto l'eco delle risate. Non ci sono altri suoni nell'aria tersa della mattina. Capri si lascia attraversare placida e sonnacchiosa, sembra quasi accompagnarli, in ascolto.

Vincenza e Salvatore scendono verso il porto senza incontrare anima viva. La prima persona che incrociano è un anziano fruttivendolo, a bordo di un'Ape sgarrupata, che percorre la stradina a passo d'uomo, con il baule carico di verdura.

Quando si fanno da parte per lasciargli spazio, quello li saluta con un cenno profondo del capo, quasi un inchino pieno di rispetto. Rispondono alzando appena la mano, incerti. Poi si guardano e scoppiano a ridere: hanno ancora indosso gli abiti eleganti della cena! Ma certo, ecco perché quell'uomo pareva così impressionato. Deve averli scambiati per due turisti giovani e ricchi: nessuno se ne va in giro alle sette conciato in quel modo!

Salvatore ha con sé l'inseparabile busta con i loro vestiti di sempre, ma non ci sono bagni pubblici in vista, in quella parte del centro abitato – soltanto villette e palazzi con cortili privati. Poi a Vincenza viene un'idea. Alcune di quelle ville hanno il cancello aperto: se riescono a intrufolarsi dentro, basterà nascondersi dietro l'anta accostata e saranno al riparo da occhi indiscreti. Dopo qualche passo individuano l'ingresso che fa al caso loro, davanti a una casa dalle imposte ancora chiuse: si avvicinano in punta di piedi, quasi non volessero svegliare gli abitanti dell'edificio e dell'isola intera.

«Vai tu per primo» sussurra Vincenza.

«Andiamo insieme, no? C'è posto.»

Lei scuote la testa e si volta, un po' per non far vedere che un po' il pensiero le ha fatto battere più forte il cuore, un po' perché così può fare la guardia, in caso di movimenti sospetti nei paraggi.

«Guarda che ci stiamo in due, se ci stringiamo» scherza Salvatore. Si sfila rapido la giacca, la cravatta, il pantalone nero, e poi cerca di risistemarli alla meglio dentro la busta. Di nuovo in jeans e maglietta, bussa sulla spalla di Vincenza. «Tocca a te.»

«Sì, ma tu non devi guardare» risponde lei, afferrando i jeans.

«Come no?»

«Voltati! E giura che non ti giri!» lo spintona e si infila nell'angolo buio, dietro l'inferriata.

Controvoglia lui obbedisce, ma non passa neanche un secondo che ricomincia: «Posso sbirciare almeno?»

«No!»

«Un pochino!»

«Ho detto no!»

Lui fa per girarsi, rapidissimo, e per poco Vincenza non perde l'equilibrio, una gamba infilata nel jeans e l'altra no. Salvatore allunga una mano per sostenerla, con la testa voltata all'indietro e gli occhi ostentatamente chiusi.

«Scusami!» le dice, ridacchiando. «Non ho resistito...»

Lei finisce di rivestirsi e gli punta contro un dito in segno di rimprovero, ridacchiando.

Sarebbe bello vivere così per sempre, pensa. L'animo leggero e gli occhi pieni di bellezza. Per la prima volta hanno dormito insieme, abbracciati, anche se sulle tavole un po' scomode della barca a remi. Però a cullarli c'erano le onde, e come coperta avevano un cielo sconfinato e benevolo.

Al risveglio Capri ha offerto loro in dono quella sensazione, ovattata e tersa, di essere isolati e protetti dal resto del mondo.

Anche a Marina Grande, in giro, non c'è quasi nessuno. La maggior parte dei turisti deve ancora arrivare dalla terraferma, e quelli che hanno dormito sull'isola se la prendono comoda, indugiano ai tavoli dei bar che hanno già aperto, per gustarsi una colazione che ha il sapore di un sogno.

Sulla tavola blu del mare i gabbiani in volo, con le ali spalancate, si muovono tra gli alberi delle barche a vela, per poi posarsi a curiosare, in attesa di qualcosa da becchettare.

I pescatori parlottano con il vicino di barca, dopo aver scaricato le cassette di pesce, mentre rassettano le reti: per loro la fatica più grande della giornata è già finita.

Ed è finita anche quella parentesi spensierata, per Vincenza e Salvatore: salgono a bordo in silenzio, e quando l'aliscafo prende velocità fino a sollevarsi, tutti e due tengono gli occhi fissi all'indietro, verso l'isola, verso i ricordi belli che hanno messo insieme. È come se non volessero staccarsi da quel tempo sospeso, che si allontana, come se non volessero guardare in faccia la realtà che li attende a Napoli.

Poi però, a molo Beverello, trovano Gaetano, seduto su un muretto accanto alla Triumph del padre, e quel volto conosciuto è quasi un sollievo, per entrambi.

Pure Gaetano li vede, gli va incontro. «Oh, Salvatò» apostrofa subito l'amico: «ma almeno la benzina la potevi mettere, mio padre...». Si interrompe, spalanca gli occhi e si copre la bocca con le mani, rendendosi conto di aver appena tradito il segreto di Salvatore.

Ma lui sorride, alza le spalle: «Sa tutto, Gaetà, puoi stare tranquillo». E gli porge la busta con i vestiti che hanno fittato.

Gaetano tira un sospiro, poi ci ripensa un attimo e attacca di nuovo con il rimprovero: «Allora se sa tutto, deve sapere che non c'hai lasciato neanche una goccia di benzina. Bell'amico!»

«Ma tu sei contento che Vincenza sta fuori o no?»

«Sì, però...» balbetta Gaetano, guardando imbarazzato l'amica.

«E allora? Quanti pensieri che ti fai!» Gli molla un paio di pacche sulle spalle e sale a cavalcioni sulla moto, aiutando anche Vincenza, un po' titubante, a salire sul sellino.

A braccia conserte, l'altro insiste. «Hai capito quello che ti ho detto!?»

Salvatore fa una faccia buffa, esasperata. «Ho capito, sì. Ce l'hai dovuta mettere tu la benzina. Giusto?»

«Esattamente».

«E ce l'hai messa, poi?»

Salvatore accende la moto.

«Sì, ce l'ho messa prima di venire qua.»

«Bravo, accussì devi fare.» Ingrana la marcia e toglie il cavalletto.

«Addò vai mò!?» fa Gaetano, preoccupatissimo, provando a mettersi davanti alla ruota anteriore.

«A casa!» risponde Salvatore, quindi sgasa due volte, e parte.

«E che mi lasciate da solo qua?»

«Gaetà» lo sfotte ancora, prima di allontanarsi: «cammina che ti fa bene, devi dimagrire!».

«Salvatò, ma vaffanculo, va!»

Trattenendo le risate, Vincenza si stringe alla schiena di Salvatore.

Più che al battibecco tra i due ragazzi, nella sua testa si sono impresse quelle due parole che ha appena sentito. A casa

Quale casa? E dove? Sarà l'appartamento dei suoi genitori? O sarà quel posto sommerso dal disordine dove ha conosciuto la sorellina?

Prima di conquistarsi quel futuro, però, c'è un problema più grande da risolvere: il carcere. Si nasconde il volto contro la schiena di Salvatore, e lui, istintivamente, toglie la mano sinistra dal manubrio per accarezzarle dolcemente le braccia che lo stringono in vita.

Sì, Salvatore corre, ma su quella moto lanciata a una

velocità che le sembra pazzesca Vincenza si sente come se stessero andando in due direzioni diverse.

Lui si è ripulito, ha trovato un lavoro, in un posto dove si è guadagnato il rispetto dei superiori con l'onestà e l'impegno. Significa che ha smesso con i furti e con gli intrallazzi in cui a dritto o storto anche gli altri ragazzini del quartiere hanno sempre ficcato le mani per tirare a campare. Non è un cambiamento da poco, anzi. E la sola idea la riempie d'orgoglio.

Lei, però, suo malgrado ha preso un'altra direzione. La cattiva strada. È la baby spacciatrice che è stata beccata in flagrante. È la ragazza sbattuta in carcere e che dal carcere è scappata. La direttrice, le guardie, i giudici si saranno fatti l'idea che lei in quella vita ci si è trovata bene. Che quello vuole essere: una criminale, una fuggitiva. Zia Sofia avrà pensato che la sua profezia si è realizzata, e aveva ragione a diffidare di lei e del suo sangue cattivo.

Ma è tutto uno sbaglio! I suoi genitori spacciavano perché non avevano un mestiere né un'istruzione. Lei ha spacciato per amore, non per il denaro. Ma quale giudice ci crederebbe ormai?

Se pensa a come affrontare le prove che la aspettano, la prima cosa che le viene in mente è che deve andarsi a costituire. Separarsi da Salvatore sarà uno strappo tremendo, ma non c'è alternativa. Deve ripagare il suo debito con la giustizia. Riparare al torto, anche se commesso con le migliori intenzioni.

Stringe i pugni talmente forte che Salvatore ferma la moto.

«Che succere, nennè?»

Lei alza la testa e si guarda intorno. Da una parte, sul mare, c'è il Maschio Angioino, dall'altra, al centro di piazza Municipio, la fontana. Tira fuori la prima scusa che le viene in mente: «Mi volevo sciacquare le mani e la faccia».

«E che problema c'è?» fa lui, spegnendo il motore. Mette il cavalletto alla Triumph e la accompagna verso la fontanella. Appena lei si scosta, Salvatore mette un dito sotto il getto d'acqua, indirizzandolo nella sua direzione.

Colta di sorpresa Vincenza resta a bocca aperta e si ritrova fradicia e grondante. Sbatte le palpebre, mentre Salvatore scoppia a ridere di gusto, tenendosi la pancia.

Lei è pronta a rispondere a tono allo scherzo, ma poi il suo cervello registra qualcosa, un movimento, un dettaglio fuori posto. Un allarme improvviso. Due uomini sono scesi da una BMW grigia, ferma di traverso sul marciapiede, e stanno venendo verso di loro. Veloci.

La risata sul suo volto si trasforma in una smorfia di terrore. Sono gli scagnozzi di don Antonio!

Salvatore si accorge del repentino cambio d'espressione e si volta. Capisce.

«Fuje!» urla a squarciagola Vincenza!

Poi tutto accade in un lampo, ma l'impressione che ha lei è che ogni cosa si muova al rallentatore. I due tizi, scoperti, si mettono a correre, un passo dopo l'altro, Salvatore salta in sella alla moto, gira la chiave e la avvia, poi strattona Vincenza e la fa salire, quasi al volo. I due inseguitori sono ormai a meno di un metro quando la moto parte impennando.

Voltandosi, Vincenza vede che quelli tornano in macchina e iniziano a inseguirli. «Corri, Salvatò» dice, la voce tremante, spezzata. Una speranza, una preghiera.

Lui accelera, taglia uno, poi due semafori rossi, si infila per le strade della città, lasciando il lungomare, guardandosi continuamente indietro. Comincia uno zigzag per le viuzze che conosce da sempre, il modo migliore per seminare la polizia, un rivale, chiunque.

Dopo alcuni minuti, rallenta, fino a fermarsi a uno degli incroci nelle stradine interne del quartiere. Vicolo Cannone non è lontano da lì.

Hanno entrambi il fiatone, come se quella fuga l'avessero fatta a piedi, correndo. L'adrenalina che hanno in corpo frena anche le parole. E prima che uno dei due riesca a dire qualcosa, dal vicolo a sinistra sbuca la BMW grigia.

Salvatore fa scendere Vincenza dalla moto, senza che lei abbia il tempo di protestare, e riparte a tutto gas. Lei si nasconde dentro la bottega di un macellaio, l'auto le sfreccia davanti a un palmo dal naso, accelerando.

Pochi metri più avanti, Salvatore tenta di svoltare piegandosi con la moto, ma la ruota anteriore scivola su una pozza d'acqua e detersivo che qualcuno ha scaricato in strada.

Vincenza lo vede perdere il controllo, rotola a terra come un ramo spezzato, senza peso. Il corpo che sobbalza, e poi c'è un attimo in cui tutto si ferma, l'aria stessa diventa immobile, il mondo è come congelato a parte Salvatore che tira su la testa – verso di lei, verso l'auto che ora è così vicina e che non accenna a frenare.

La BMW lo nasconde agli occhi di Vincenza. Sente un tonfo. Dopo, solo dopo, il fischio dei freni.

Per un attimo le si blocca il respiro.

Vede la macchina fare retromarcia e i due scappare via, svoltando a sinistra, proprio dove avrebbe dovuto fuggire Salvatore...

Si avvicina con le gambe tremanti e la vista annebbiata. Vorrebbe corrergli accanto, ma non ne ha le forze, non ne ha il coraggio. Riesce solo a urlare il suo nome.

Lui è disteso a terra con gli occhi rivolti al cielo, il volto pallido è graffiato, sporco. Il braccio destro è piegato in maniera innaturale, la gamba sinistra è scossa da piccoli tremori.

Lei gli crolla accanto, incerta. Deve abbracciarlo, deve tirarlo su? Oppure lo deve lasciare là senza nemmeno toccarlo, come dicono nei film quando la protagonista si sente male e tutti urlano fermi, statele lontano, lasciatela respirare?

Se la situazione è critica, come sembra, ha paura di fargli male. Come se non fosse già abbastanza ferito.

«Salvatò, Salvatò!» ripete, ora in un sussurro.

Lui la riconosce, sorride. «Nennè» biascica.

Lei gli accarezza la testa. «Stai sveglio, Salvatò» gli dice, un'altra cosa che dicono sempre nei film. Si guarda intorno, ma ancora nessuno si muove, nessuno ha chiamato l'ambulanza.

Torna a guardarlo negli occhi. «Salvatò, ti ricordi ieri quando mi hai detto ti amo?» gli chiede, tutto d'un fiato.

Raccogliendo le ultime forze, lui solleva il braccio sinistro e le mette la mano davanti alla bocca. «Non mi dire nulla, Vincè. In un caso e nell'altro, morirei dannato. Se non provi quello che provo io, mi si spezzerebbe il cuore. Se invece adesso mi dici che mi ami, non mi voglio portare dietro il rimpianto dell'amore che non ci possiamo vivere.»

Vincenza può solo fare sì con la testa. «Tu non puoi morire. Io ho solo te!»

Salvatore trema, bisbiglia appena, tanto che Vincenza deve avvicinarsi alle sue labbra per sentire la sua voce. Le sue ultime parole.

«Fa freddo, Vincè. Ho sonno.»

Un ultimo respiro, un sussulto. Poi il suo corpo cede, senza più vita.

«No» fa Vincenza. «No» ripete. Gli accarezza la guancia, lo scuote, prima delicatamente, poi con più forza.

Adesso sì che sta arrivando la gente, sempre più persone, una piccola folla che li circonda. Un pubblico silenzioso si è affacciato alle finestre e alle porte.

C'è qualcuno che urla, in mezzo a quel silenzio.

Vincenza dovrebbe scappare, nascondersi, è ancora un'evasa, dopotutto. E tutte quelle grida... Ci mette qualche secondo a capire che quei versi di disperazione disumana escono dalla sua bocca.

Prova a sigillare le labbra. Il grido cessa. Prova a muoversi. Non ce la fa. In verità, non ha nessuna intenzione di fare anche un solo centimetro, di sciogliersi dall'abbraccio del suo amore.

Sa che la troveranno e la arresteranno, ma non le importa. Non ha più volontà, non ha più niente. Cambiare, resistere, lottare – che senso avrebbe, adesso?

La vita che voleva costruire è morta. È lì sull'asfalto accanto a Salvatore.

Il futuro ora può anche arrivare a travolgerla e a spazzarla via.

OGGI

Capitolo 20

«Nell'istante in cui Salvatore se ne volò in cielo, anche la mia vita si fermò.»

Arteria fa una pausa, riprende fiato.

È stato faticoso ripercorrere la sua storia. Lo sa chiunque faccia teatro: recitare un monologo di cui sei allo stesso tempo interprete e protagonista è una prova difficile. L'emozione rischia di esondare, di travolgere tutto. Lei ha provato a tenere la rotta, ha alternato momenti di enfasi – nei quali le parole incalzavano veloci, come lampi e tuoni di un temporale, o esplodevano allegre e fugaci simili a scoppi dei fuochi d'artificio in un giorno di festa – a momenti in cui le sillabe erano così difficili da pronunciare che le colavano dalle labbra, lente e strazianti.

È una delle lezioni che ha imparato nel laboratorio di Raffaele Tartaro, in arte Tartariello: il teatro è fatto di pieni e di vuoti, di parole e di silenzi.

Arteria è Vincenza, Vincenza è Arteria: ora che l'ha

riconosciuta e ha saputo del suo passato, negli occhi del regista la paura ha lasciato il posto alla commozione.

Arteria interpreta quello sguardo come una conferma. Sì, la sua performance è stata convincente. Le viene da sorridere al pensiero che qualcuno potrebbe interromperla con una semplice frase: «Hai superato il provino». Ma non è questo che le interessa, adesso.

Le dita della mano destra sono ancora strette sul calcio della pistola. Per tutto quel tempo non ha mai smesso di puntarla sui due uomini seduti davanti a lei.

Anche don Antonio l'ha riconosciuta, nonostante tutti gli anni che sono passati. Ma nella smorfia sul suo viso deturpato dalla cicatrice non c'è traccia di comprensione. C'è invece una furia animale, trattenuta a stento. La furia di un re abituato a comandare e a imporre la violenza, non a subirne la minaccia. Con il potere che ha, gli basterebbe uno schiocco di dita e quella ridicola attricetta sparirebbe dalla faccia della terra. Ma la canna di metallo lo inchioda alla sedia, lo costringe ad ascoltare fino in fondo la recita.

«Avrei dovuto scappare? E perché? Non aveva più senso. "Fuje, Vincè": me l'aveva detto Alessandra. "Fuje" mi aveva gridato Salvatore, "Fuje" aveva ripetuto dopo avermi fatto scendere dalla moto, mettendomi al sicuro e andando da solo incontro al suo destino. E ora che lui era morto non volevo più fuggire.

Perciò rimasi lì, immobile, al suo fianco, finché non arrivò l'ambulanza e gli infermieri me lo strapparono dalle mani e lo portarono via, coperto da un pietoso lenzuolo bianco.

Ero ancora in ginocchio quando arrivò la polizia.

Mi tirarono su con gentilezza. Comprendevano il mio dolore. Quando mi identificarono, però, ogni gentilezza svanì. Con la forza, quasi a calci, mi rispedirono in carcere.

Ci passai un anno e cinque mesi. Non mangiavo, non parlavo, non uscivo dalla cella. Non vidi più la luce del sole. Io mi sentivo svuotata, inutile, ma loro dissero che ero pazza e dalla galera mi trasferirono in un istituto di igiene mentale. Lì dentro ci passai quattro anni e mezzo.

Per fortuna anche le persone come me, psichicamente instabili e socialmente pericolose, potevano accedere ai corsi di recitazione. Il teatro, la mia prima passione, mi aiutò a risollevarmi. Potevo tenere la testa impegnata, incanalare il dolore in una direzione buona, utile. Sfogare i miei pensieri recitando.

Ma quella parentesi non era destinata a durare a lungo. Finito il corso, mi ritrovai di nuovo sola con me stessa.

Precipitai in un abisso ancora più profondo. Vivevo come anestetizzata, sconosciuta al mio stesso corpo. Il medico disse una parola difficile: "derealizzazione", e mi propose dei farmaci. Non ci provai nemmeno. E non perché non mi fidassi, ma perché volevo essere lasciata in pace.

Volevo pregare e pensare. Così feci, e piano piano riemersi. Riacquistai lucidità, ritrovai contatto con la realtà. Fu un processo lungo e difficile, soprattutto perché non mi sentivo più quella di prima, la persona che ero stata.

Ero entrata in carcere che ero una signorina, ed ero diventata una donna. Era vero che ero diversa, e allo stesso tempo era falso. Come nel teatro, no? Che è finzione ed è verità nello stesso tempo.

Ma non si può cambiare pelle, come non si può cambiare il passato. Perciò decisi che avrei recitato una parte, avrei interpretato il personaggio che sentivo di essere. Mi feci crescere i rasta, li colorai di rosso, come il sangue mio e di Salvatore, come il sangue di questa città intera.»

Arteria scende di nuovo giù dal palco, fa due passi verso le poltrone.

«Il sangue versato da gente come voi!»

Vedendola così vicina, don Antonio si alza in piedi di scatto, prova ad allungare una mano, come un artiglio, ma lei è lesta a fare un passo indietro.

Subito gli punta addosso la pistola, contro la fronte. E spinge. «Siediti.» Il dito sul grilletto, negli occhi una luce determinata e irragionevole.

Lui resta immobile, serrando la mascella, con un'espressione quasi di sfida.

«Aspetta!» interviene il regista. «Non lo fare!»

Don Antonio si volta a guardarlo, e Arteria ne approfitta per spingerlo indietro con un calcio, ricacciandolo sulla sedia.

Nello stesso momento, però, un rumore attira gli sguardi di tutti in alto, verso la galleria.

Dietro la balaustra c'è qualcuno, una sagoma nera che si intravede appena. Evidentemente non sono soli: qualcuno è rimasto nascosto lì su e, tradito dal rumore, si è abbassato di scatto per non farsi vedere.

«A me gli occhi» incalza Arteria, l'arma ancora spianata. «Non ho ancora finito.»

Quell'interruzione sembra aver spezzato le gambe allo Sfregiato. Quando con un cenno del mento Arteria gli chiede che cosa ha intenzione di fare, quello risponde alzando le braccia.

E la recita può continuare.

«Per prima cosa, una volta tornata libera, andai al cimitero a portare i fiori a Salvatore. Il mio Salvatore. C'era una foto sulla lapide, in cui sorrideva. La accarezzai. Era un bel ritratto, ma non bastava a restituire la luce viva degli occhi suoi, di quegli occhi colore del miele. Quel ragazzo era stato il mio amore: io ero cresciuta e lui no, avrei avuto per sempre più anni di lui. Scoppiai a piangere e mi sentii toccare su una spalla. Mi voltai. Era una vecchia, avvolta in uno scialle nero, con i capelli bianchi legati. "Fatti forza, Vincè" mi sussurrò. Sapeva il mio nome, ma io non avevo idea di chi fosse. Le domandai se fosse una parente di Salvatore, lei scosse la testa e disse che era lì per consolarmi, per farmi vedere che non ero sola. C'era qualcosa nella sua faccia o forse nella sua voce, che mi faceva pensare di averla già vista. Forse l'avevo incontrata da bambina? A ogni modo, accarezzandomi la testa mi suggerì di colorare di blu due ciocche di capelli. "Perché il sangue deve circolare, nelle vene e nelle arterie." Ed è così che da Vincenza sono diventata Arteria.

Uscii dal cimitero e mi misi a camminare per il quartiere. Riconoscevo ogni strada, ogni casa, ogni pietra, anche se non ci mettevo piede da sei anni. Riconoscevo le facce, le persone. E gli altri mi avevano riconosciuta? Nossignore. Nessuno vedeva più Vincenza, ormai ero Arteria, per tutti. Mi è capitato diverse volte d'incrociare i miei genitori: neanche loro mi hanno riconosciuta. E io non ho fatto nulla per farmi riconoscere. In fondo, non avevano più chiesto mie notizie da quando ero stata mandata al centro d'igiene mentale. Una volta stabilito che ero impazzita, non mi avevano mai più cercata, né al telefono né per lettera. Non erano mai passati a salutarmi.

Ora che Vincenza Birillo non aveva più una casa e non aveva più una famiglia, Arteria decise che avrebbe vissuto in strada, per i vicoli, tra la gente del quartiere.

E la gente diventò la mia famiglia.

Fu una specie di miracolo. Avevo fame? Qualcuno mi offriva un piatto di maccheroni. Avevo freddo? Qualcuno mi faceva trovare un cappotto che pareva nuovo. Mi sentivo sola? Qualcuno mi offriva una tazza di caffè, oppure metteva su una canzone lasciando uscire la musica dalle finestre spalancate.

Mi spostavo da un quartiere all'altro, e mi sembrava che tutta Napoli mi prendesse a cuore. E allora anche io li presi a cuore, tutti quanti.

E mi accorsi che soffrivano. Sì, anche quelli più gentili, più generosi con me e con gli altri, avevano un peso addosso, una sofferenza che si leggeva nei loro volti. Che cancellava i loro sorrisi. E poi aprii gli occhi e compresi.

Le loro storie erano come la mia. Ogni ragazza, ogni donna era stata Vincenza Birillo. Vittima di un sopruso, minacciata da uno scagnozzo, ricattata da un omm' 'e mmerda. Come a te!»

Don Antonio fa un sorriso beffardo. Scioglie le braccia conserte per fare un gesto con la mano, come a sottolineare un'esagerazione ridicola.

Arteria si rivolge al regista, a Tartariello. «Quando ho letto il tuo nome accanto al suo, ho capito che anche tu stavi sotto ricatto. Sbaglio?»

«È così» dice il regista, a occhi bassi.

«Ma che vuol dire "è così"?» lo interrompe lo Sfregiato. «Ti fanno schifo i miei soldi, mò, signor regista?»

Tartariello scuote la testa. «Suo figlio... Noi avevamo finito i fondi. Dovevamo chiudere il teatro, ma poi lui ci ha offerto una soluzione, anche se avvelenata. Ci ha permesso di riaprire, finanziando le attività, a patto di far recitare il figlio, che voleva fare l'attore...»

Arteria annuisce. Quelle parole confermano ciò che aveva pensato.

«È questo che vuoi?» riprende lo Sfregiato. «Chist'è 'o problema? Vuoi entrare nella compagnia? E che problema ci sta? Ti ci faccio entrare.»

«Ah sì?» fa Arteria, per dargli spago. Lo sguardo corre ancora una volta verso la balconata della galleria. Dove la sagoma nera, non vista dagli altri, le fa un cenno quasi impercettibile di assenso e di incoraggiamento.

«Ma certo che sì. Togli la pistola, e sistemiamo le cose» conclude lo Sfregiato.

Arteria torna sul palco, in silenzio, come se stesse riflettendo su quell'offerta. Poi si blocca, e stavolta punta il dito, non la canna dell'arma, contro don Antonio.

«Ecco come funziona. Ecco com'è che il tuo potere costringe tanta brava gente a snaturarsi, a diventare ciò che non è. Tu cambi il destino della gente a tuo piacimento, offrendo una falsa scelta e una vera minaccia. Tu e quelli come te, assassini e criminali, paralizzate il libero arbitrio, scegliete per gli altri e così commettete il peggiore dei peccati capitali. Vi siete convinti di avere il diritto di decidere della vita e della morte, vi siete illusi di essere Dio davanti agli uomini, quando dentro di voi sapete benissimo che siete meno della gente che spaventate. Sì, perché ci vogliono più palle ad alzarsi ogni mattina per andare a lavorare che per premere un grilletto per soldi.»

Riprendendo il controllo, parla in tono più composto.

«Un mio vecchio amico, don Alfonso, uno che non sbagliava mai una parola, quando vedeva la gente come voi diceva: "Cinque minuti di guapparia per trent'anni di carcere". Vi credete al sicuro, ma non siete mai tranquilli, perché la vostra stessa violenza vi si può ritorcere contro a ogni momento. Vi credete eterni, ma il Padreterno non vi perdonerà solo perché avete le catenelle al collo e baciate il crocifisso. Le vostre preghiere sono vuote e false. La vostra gloria costruita sul sangue dura sempre poco, perché poi arrivano gli arresti, e il vostro castello di carte crolla tutto insieme. Nessuna donna vi aspetterà fedele dopo decine di anni di carcere, gli amici vi dimenticheranno, i vostri quattrini saranno consumati per fare la ricchezza degli avvocati, e i soldi che vi mandano ogni mese chi può dire fin quando dureranno? Se siete così onnipotenti perché vi guardate sempre intorno? Ma no, non siete dèi, non siete neanche uomini. Bestie, ecco cosa siete. Che ideali ha una bestia? Dovunque andate consumate tutto. Pari pari a delle cavallette. Vi posate sopra a qualcosa e la corrompete. Volete il male, perché è del male che infliggete che vi nutrite. E non siete mai sazi.»

Gli occhi rossi e spalancati, sfigurata dall'ira, Arteria

scende di nuovo dal palco pestando i piedi. Quando è a un passo dallo Sfregiato gli punta contro la pistola, stendendo il braccio. Dice: «Che Dio possa perdonarmi perché ho agito come voi, con la vostra stessa violenza. L'ho fatto perché *io so*».

«Ma che vuò sapè tu? Tu non sai niente» sbotta lo Sfregiato.

«So quello che ho visto!» tuona Arteria, fuori di sé. «Con questi occhi!»

Nel silenzio che segue, si rende conto di aver dato male la battuta. Di aver esagerato con l'enfasi. Ma la rabbia che le ha spezzato la voce non è più solo la sua, è quella di tutta la gente vessata di Napoli.

«E adesso lo dirò a tutti.»

Capitolo 21

«Quella che ho raccontato è la vita mia!»

Pochi centimetri separano l'estremità della canna e la fronte, lucida, viscida di sudore, di don Antonio. La pistola trema tra le dita di Vincenza, ma a una distanza così ravvicinata è impossibile sbagliare. Il proiettile gli devasterebbe il cervello, senza scampo.

E lo Sfregiato lo sa bene. Perciò stringe i denti e allarga le braccia.

Vincenza riparte, come un fiume in piena che ha rotto gli argini e travolge tutto ciò che ha davanti senza alcun freno.

«Il teatro si nutre della vita, no? Pure una bestia come te lo sa! Quando si recita sopra un palcoscenico, però, ogni bellezza appare più affascinante, e più brutta ogni miseria. Ma allora il teatro è verità oppure è finzione? Tutte e due le cose, signore e signori! La magia del teatro è dare vita a una finzione più vera della verità. E la vita mia, allora, è vera o non è vera? Eh, Antò? Dimmelo tu!»

Il boss fa per parlare, ma Vincenza lo zittisce spingendo l'arma contro la sua fronte. Appena la sposta, un piccolo segno circolare, rosso, rimane impresso sulla pelle.

«Tu mi hai mandato a spacciare. È vero o no?»

Lo Sfregiato si guarda intorno, ma la pistola – e gli occhi e la voce di Vincenza – lo inchiodano al silenzio.

«Di notte, da sola, sul lungomare di Mergellina, con le dosi di cocaina in tasca. La tua cocaina. È vero o no?»

«Veramente fosti tu che...»

«Ed ero solo una bambina! Era tua la cocaina oppure no?»

«Io non...»

«Rispondi! Mi hai mandato a spacciare cocaina oppure no?»

«Sì» confessa lui, di malanimo. «Ma tu 'o ssapiv'.»

«E Salvatore, poi. Ti sei vendicato di lui perché aveva rubato un orologio a tuo figlio. È vero o no?»

«Veramente...»

«È vero o no che l'hai condannato a morte tu?»

«...è morto in un incidente di moto.»

«Bugiardo!» urla lei, inferocita. «L'hanno messo sotto i tuoi tirapiedi. L'hanno ucciso perché gliel'hai ordinato tu.»

«Ma che c'entr...»

«È vero o no?» strilla, con la bava alla bocca, Vincenza.

La tensione che le stravolge i lineamenti non può essere solo una maschera, non può essere solo una recita. È così fuori di sé che potrebbe fare una pazzia. Lo Sfregiato si rende conto che non è il momento di fare il duro. Ora la sente, netta, limpida – è la paura, che gli accorcia il fiato e gli fa tremare le gambe.

«Un'ultima volta te lo chiedo, è vero o no?»

Se non avrà quello che vuole, quella pazza lo spedirà direttamente all'altro mondo. Allora dice l'unica cosa che può dire: «Sì, è vero».

Vincenza annuisce, con il fiatone. Sputa in terra. Lo tiene ancora sotto tiro.

«Una vita per un orologio. Anzi, don Antò, per uno sgarro. Perché tu comandi il quartiere: chi fa uno sgarro a te deve pagare. È vero o no, che tu sei il capozona?»

«Sì, è vero» sussurra, strizzando gli occhi e tenendoli chiusi. Non c'è più traccia di orgoglio nella sua voce, né nella sua postura. Il capo chino, le spalle cascanti: ci manca solo che si butti in ginocchio a implorare perdono, per risparmiarsi la pallottola in fronte che si aspetta da un secondo all'altro.

L'ultima immagine, ancora impressa nelle sue retine, è quella dell'indice di Vincenza che trema sul grilletto, a pochi millimetri dalla detonazione.

Riapre le palpebre lentamente, temendo sia tutto finito.

Invece dello sparo, però, arriva una risata.

Una risata grassa, ampia, di petto, di pancia. Vincenza ride, esageratamente, teatralmente.

Ride di lui, indicandolo, quell'omuncolo che quasi si piscia addosso dalla paura.

«Ecco che cos'è il tuo coraggio. È niente» riesce a dire, tra uno scoppio di risa e l'altro. «Dov'è il tuo potere? È niente. La violenza te lo dà, la violenza te lo toglie.»

Con un salto ritorna sul palco e prende a muoversi

a destra e sinistra, freneticamente, indicando di continuo, con la mano armata, in direzione dello Sfregiato.

«L'avete visto? L'avete visto tutti?»

Ora è di nuovo un'attrice che si rivolge direttamente al pubblico in sala. Le sedie che ha davanti sono vuote, ma lei parla come se le vedesse piene di gente attenta, emozionata.

«Anche i cosiddetti potenti hanno paura. Perciò vi invito a riflettere. Non abbiate paura.

Ricordate che un finto re esiste solo perché esistono schiavi veri. Perché avete deciso di essere servi quando Dio vi ha creati tutti liberi? Aprite la mente. Tornate liberi.

I farabutti come lui esistono perché la gente come voi china il capo, per una vessazione o per un omicidio. Ma provate a pensare che succederebbe se vi ribellaste. Se tutti voi la teneste alta la testa, di fronte alla violenza di queste bestie. Quanti omicidi dovrebbero fare per togliervi tutti di mezzo? Impossibile! Quanti colpi di pistola ci vorrebbero? E soprattutto, quante mani per intimorirvi tutti con pugni e schiaffi? Troppi, troppe: impossibile.

Vi frena la paura. Sì, la paura. Io lo capisco, anch'io ne ho avuta. L'ho vissuta sulla mia pelle di bambina. Sono cresciuta ragionando come volevano loro, accettando di sottomettermi perché pensavo fosse l'unico modo per salvarmi. Mi sbagliavo. Stare al loro gioco non sporca solo la fedina penale, sporca l'anima.»

Vincenza si riporta al centro del palco, a piedi uniti. La pistola è ancora stretta nel pugno, pronta a muoversi contro lo Sfregiato al minimo gesto. Nel silenzio assoluto, la sua voce ora suona commossa.

«L'avete visto, no? Sono uomini di fumo. La loro forza si dissolve al primo soffio di vento. Il loro potere si sbriciola, quando non ha più sostegno. Si può reagire alla paura con il coraggio. E se qualcuno così facendo cade sotto il piombo di questi cani, non chiamatelo vittima! Chiamatelo eroe! È Dio che li manda sulla Terra, questi eroi! Sapete quando diventano vittime? Quando con la loro morte non cambia nulla. Sapete quando diventano eroi? Quando una sola morte spinge tutto il popolo a reagire. Meglio pochi eroi morti che migliaia di schiavi.

Non diventate personaggi di un ruolo che non amate interpretare. Interpretare, sì, avete capito bene. Quante volte avete sorriso a bestie come questa, quando in realtà li avreste mandati a quel paese? Quante volte avete li avete salutati, chinando il capo in segno di rispetto, quando in realtà vi sareste voltati con disprezzo dall'altra parte? Quanti soldi avete ceduto, quanti sacrifici avete accettato?

Basta! Dite basta a tutto questo.

Se diventiamo tutti eroi, chi potrà combatterci?»

Sulle labbra di Vincenza si apre un sorriso. Coraggioso, e incoraggiante. Rivolto alla folla inesistente che dovrebbe occupare tutte le sedie in sala.

Poi il suo sguardo si ferma sul regista.

«Sono stata brava, eh?» Ma la sua è una domanda retorica, nel tono compiaciuto tradisce la fiducia nella propria abilità. «Lo sapevo che ero brava a recitare, ma non fino a questo punto. E non perché la mia storia è difficile, ma perché vi siete spaventati. Sì, per la paura che vi ho messo.

Prima mancava un pezzo, quando parlavo della verità e della finzione nel teatro. Perché quando un attore sale sul palco deve far credere molte cose, sia quelle vere che quelle false.»

Vincenza punta ancora una volta la pistola in direzione dello Sfregiato, poi piega il braccio, come a soppesare l'arma.

«In questo caso sono stata così brava a recitare da farvi credere che la pistola che ho in mano fosse vera. Ma è di plastica in verità. Non avrei mai sparato. Perché non sono come te» ringhia al boss. «E ora che la abbasso, posso tornare a essere Vincenza Birillo.»

Fa una piroetta, leggera, un passo di danza per chiudere lo spettacolo. Poi, dando la schiena al pubblico, finge di avere un cilindro in testa – un cappello da mago, come quello che indossava Tartariello la prima volta che lo ha incontrato – lo alza per salutare e urla: «Com'è bello il teatro! Da grande vorrei fare il teatro!».

Tartariello rimane a bocca aperta, interdetto, esitante. Non sa come muoversi: sarà vero, che la pistola è finta? O è solo un altro numero, un altro gioco sulla verità di quella povera ragazza?

Lo Sfregiato, invece, non esita nemmeno un secondo. Mentre Vincenza danza, si china e tira fuori una minuscola pistola nascosta nello stivaletto. Fino a quel momento non aveva avuto il coraggio nemmeno di provarci. Ed è un attimo: due passi verso le tavole del palco e da sotto in su spara. Dritta al centro della schiena.

Il regista scappa via. Dalla galleria, la ragazza vestita di nero caccia un urlo.

Vincenza barcolla in avanti, piegandosi appena. Ma resta in piedi. Resta in piedi con tutte le sue forze, come se volesse rappresentare con il suo corpo le parole a cui ha dato vita. Lentamente, zoppicando, torna a voltarsi verso la platea e la galleria.

Ora vede davanti a sé una marea di persone, tutte le poltroncine che fino a pochi secondi fa erano vuote ora sono occupate in ogni ordine e grado. E la gente si alza in piedi e si mette a urlare: «Vincè, fuje! Fuje, Vincè!».

Nello stesso istante, una luce, forte. Qualcuno deve aver acceso un riflettore su di lei, e il cono di luce la abbaglia, per un momento, le dà un lieve senso di stordimento.

Sorride e sbatte le palpebre. Davanti ai suoi occhi ora la gente in piedi non grida più, ma comincia ad applaudire. Sì, applaudono tutti insieme, una standing ovation per lei, fiori e coriandoli lanciati giù dal soffitto, squilli di tromba che accompagnano festanti le migliaia di «Brava!» e le richieste di «Bis!» che riempiono l'aria del teatro.

Tremante, Vincenza si prepara a salutare il suo pubblico con un inchino. Unisce i piedi, si abbraccia il fianco con il braccio destro – la mano sul petto tocca un liquido caldo, le sembra di sentire in bocca sapore di ferro – poi lancia indietro il braccio sinistro e si piega in avanti, attenta a non perdere l'equilibrio.

Mentre sta lì, così inchinata, sulle scarpe bianche che ha ai piedi – al posto di quelle spaiate di Arteria – vede scivolare una goccia di sangue. Il suo stesso sangue, sulle stesse scarpe che sua madre non voleva che si sporcassero. Si raddrizza, rialza la testa.

E vede il teatro vuoto. Non c'è il pubblico, non ci sono i coriandoli. Nessuno, niente. C'è solo Agata, alla balaustra della galleria, con gli occhi spalancati dal terrore e una mano sulla bocca, nell'altra il telefonino. Ha ripreso tutto dall'inizio, dal momento in cui, con il suo primo inchino, Vincenza le ha dato il segnale concordato. È il favore che le aveva chiesto nel foyer: la recita è stata trasmessa in streaming sui social di Agata, seguita da centinaia di migliaia di persone, condivisa in diretta dai giornali, rimbalzata sui media.

È andata proprio come aveva immaginato Vincenza. Solo non si aspettava un'uscita di scena così violenta. Ma che importa, alla fine dei conti? Per uscire di scena, ci vuole un altro saluto, un altro inchino.

Le sembra di sentire delle sirene lontane, lontane, sempre più lontane...

Con la vista ancora annebbiata, stende di nuovo il braccio, si porta l'altro al petto, poi, con una smorfia di gioia, crolla a terra.

Capitolo 22

«Assassino!»

La voce di Agata, dall'alto, riempie il teatro, echeggiando in quel silenzio di morte.

Per un attimo don Antonio alza l'arma, la punta anche contro di lei. Sarebbe facile premere di nuovo il grilletto. Un'altra morte, altro sangue. Ma poi ci ripensa: è più prudente scappare, ogni minuto che passa così esposto potrebbe essergli fatale. Meglio tornarsene subito nel suo territorio, protetto dai suoi, al sicuro.

Però non fa in tempo neanche a fare un passo verso l'uscita dalla sala che gli viene incontro un agente di polizia, con la pistola spianata.

Lo Sfregiato fa dietrofront, corre dall'altra parte del palco, all'uscita sulla sinistra. E anche lì si ritrova davanti un'arma: un carabiniere.

Si guarda intorno, impaurito, e da ogni parte vede convergere verso di sé altri agenti, a decine, tutti armati e con certe facce che non promettono niente di buono. Ci sono persino dei finanzieri e alcuni militari.

Getta in terra la scacciacani e alza le mani in alto – che sia chiaro che ha intenzione di arrendersi.

Il carabiniere lo afferra per i polsi, glieli gira dietro la schiena e lo ammanetta. «Ti dichiaro in arresto» dice, senza tante cerimonie.

Subito dietro le forze dell'ordine, però, nel teatro irrompono le persone. E sono centinaia. Un popolo intero.

Uomini, donne, anziani, ragazze e ragazzi: accalcati nei corridoi, riempiono la platea e la galleria. Qualcuno mormora preghiere, qualcuno piange e singhiozza. In silenzio, si fanno il segno della croce davanti al corpo senza vita di Vincenza, quella povera figlia del quartiere, così coraggiosa e così forte.

È successo tutto nel giro di pochi minuti, mentre la notizia di ciò che stava accadendo si propagava e sempre più persone vedevano le immagini trasmesse da Agata. Le parole di Vincenza sono state come uno schiaffo per molti, uno shock che li ha risvegliati dal torpore. E tutti quelli che hanno assistito in diretta all'assassinio di Vincenza si sono sentiti in dovere di accorrere. Così, spontaneamente, la gente è scesa in strada e si è messa in marcia, come un sol uomo, verso il teatro.

Nelle loro facce, costernate e addolorate, c'è una determinazione che si fonda sulle parole usate da Vincenza: quella ragazza non sarà ricordata come una vittima. Sarà celebrata come un'eroina.

Mentre gli agenti si dispongono a formare un cordone di sicurezza intorno al palco, il medico legale e l'equipe della Scientifica salgono a esaminare la scena e a compiere i rilievi necessari.

È il medico, dopo aver confermato e registrato la morte, a coprire il volto di Vincenza con un telo bianco di plastica. Anche lui si fa un segno della croce.

Don Antonio, trascinato via in manette, è costretto a passare accanto a tutta quella gente: il disprezzo gli arriva addosso come un'ondata. Grida, sputi, gli piomba addosso di tutto. Quelle che fanno più male però sono le occhiate. Affilate come lame.

«Sono innocente» prova a dire. «Quella ha detto tutte fantasie. È tutta una recita!»

Quando si ritrova accanto Raffaele Tartaro prova a tirarlo in mezzo: «Dincell' tu ca nun era vero niente!».

Il regista scuote la testa e gli dice: «No, don Antò. È proprio il contrario. Questa è la rivincita del teatro sulla vita».

Anche all'uscita del teatro c'è un sacco di gente, una folla che continua a crescere di minuto in minuto, che accorre da ogni parte per onorare Vincenza Birillo.

La polizia ha pronta una macchina su cui caricare lo Sfregiato per allontanarsi in fretta, nel timore che la sua presenza scateni delle reazioni violente.

E infatti così accade: qualche testa calda accorre per affiancarsi all'auto. Due, quattro, dieci mani battono contro i finestrini, volano urla e imprecazioni contro quella bestia.

L'auto, sobbalzando, si mette in moto e parte la sirena, ma per quanto sia assordante non basta a coprire gli insulti che l'accompagnano nella lenta marcia verso l'uscita dalla piazza.

Sul palcoscenico, intanto, terminata la trafila dei loro doveri, gli uomini della Scientifica cominciano a sfilarsi i guanti di lattice, mentre due di loro stendono un sacco con la zip accanto al corpo di Vincenza.

«Fermi!». È di nuovo la voce di Agata che si alza a sovrastare il mormorio della sala.

Si schiarisce la gola e aggiunge. «Penso che il corpo di Vincenza appartenga al popolo». Allarga le braccia, come ad abbracciare in quel gesto tutte le persone che sono arrivate fin lì per renderle omaggio.

Ai due agenti basta un attimo per guardarsi intorno e incrociare gli sguardi pieni di aspettativa di tante, tantissime persone. La ragazzina ha ragione. Quella gente non è venuta lì solo per sputare il proprio veleno addosso a un miserabile assassino. Anzi. È venuta anche e soprattutto per Vincenza.

Con un cenno di assenso, mettono via il sacco e fanno per deporre il corpo sulla barella.

E di nuovo vengono interrotti: «Aspettate!». Stavolta a parlare è stato Raffaele Tartaro. Con sorprendente agilità salta sul palco, afferra con entrambe le mani un lembo del sipario e con un paio di strattoni decisi lo tira giù. «Metteteci questa. Deve sembrare una regina».

Avvolta nel velluto rosso, ora la barella sembra la portantina di una processione. Adagiata lì sopra, Vincenza pare una statua, con la pelle di porcellana, i rasta rossi e blu intorno al capo come una corona.

Raffaele e Agata si offrono per sollevarla e portarla

fuori, tra gli applausi della calca che si sposta per farli passare.

Di fuori, nella luce abbagliante del sole, quello che vedono ha dell'incredibile. La folla si stende a perdita d'occhio, è come se Napoli intera avesse risposto all'invito di Vincenza.

«Brava!» grida una donna.

«Brava!» risponde un ragazzo. E in poco tempo si moltiplicano le voci che acclamano Vincenza. È proprio come nella visione che aveva avuto pochi istanti prima di morire: ora il delirio c'è davvero!

Sgomitando e ansimando, un giovane si fa largo tra la folla. È un ragazzone corpulento, con un girovita enorme e un vistoso doppio mento. Un faticoso passo dopo l'altro, riesce ad arrivare davanti ad Agata e Raffaele, e lì si ferma per rifiatare. Raffaele lo riconosce: è Gaetano.

Lui si fa il segno della croce, poi si china a baciare la mano di Vincenza. Trattenendo un singhiozzo e ricacciando indietro le lacrime, riesce a dire: «Ma che hai fatto, Vincè? Sempre di testa tua...».

Poi, cacciando quasi un urlo: «Tu sì na santa, Vincè! Sì! Una santa!».

Parte un applauso, lunghissimo, commosso, partecipe.

Gaetano si asciuga le guance bagnate di lacrime e si rivolge alla folla. «Ha fatto il miracolo di portare sulla retta via Salvatore. Uno scugnizzo ch'era finito a campare di furti. E lei l'ha fatto diventare una persona perbene. È o non è un miracolo?»

«Sì!» rispondono migliaia di persone.

«E fino a ieri, chi si immaginava che un delinquente

come don Antonio faceva chella fine? Pure questo, è o non è un miracolo?»

«È un miracolo!» rispondono in coro i presenti.

«E allora per me, questa non è una guagliona, è una santa!»

L'acclamazione che segue è talmente forte che non lascia dubbi: il popolo vuole rendere omaggio a quella santa laica, ed è giusto quindi portarla in processione.

Il corteo che si crea sembra infinito, non se ne vede la fine. In mezzo a quella gente ci sono uomini e donne di ogni età, di ogni estrazione sociale. Giornalisti, uomini di chiesa, suore, politici, ma anche operai, casalinghe, pensionati. Sembra che chiunque abbia a cuore le sorti della città sia sceso in strada.

Dai balconi, donne anziane lanciano fiori, un tappeto di petali rossi accompagna l'avanzata del corpo di Vincenza Birillo, con il suo drappo rosso.

Affacciati alle porte dei bassi i bambini con pentole e cucchiai improvvisano un ritmo di marcia, un tributo chiassoso che è il loro omaggio, con lo stesso spirito rivoluzionario che il quartiere tira fuori in occasione del cippo. Napoli sembra in festa: tutti piangono, ma con il sorriso negli occhi.

È un caos, una sommossa, una preghiera, un serpentone che arriva anche alle strade più lontane, che compie un giro completo del quartiere e poi si riversa su via Toledo. Pure una banda musicale si accoda, c'è perfino un plotone di carabinieri a cavallo, chissà da dove è spuntato. Dalle parrocchie escono preti e chierichetti, roteano i turiboli vicino al corpo di Vincenza, spandendo nell'aria un intenso profumo d'incenso. Di sacro.

«Cosa ha saputo far succedere...» esclama una signora alla finestra, quasi senza voce per la meraviglia di quell'esplosione di vitalità e partecipazione.

Più lontano, a un altro balcone, su un palazzo rosso pompeiano, zia Sofia si affaccia, richiamata dal frastuono che sente montare da lontano. Lei non sa nulla di ciò che è accaduto: anche dopo la fine è rimasta un'estranea nella vita di Vincenza. E allo stesso modo è rimasta sorda e ostile alla festosa chiamata che ha smosso tutto il popolo. «Avrà vinto di nuovo il Napoli» borbotta, infastidita. «Ogni scusa è buona pe' fà ammuina.» E chiude la finestra, tagliandosi fuori dal resto della città, come ha sempre fatto.

Il rumore è così intenso, così assoluto, che supera anche i muri coperti di filo spinato, si insinua in corridoi che non vedono mai la luce del giorno, entra in una piccola stanza con le sbarre alla finestra, raggiunge le orecchie di quella che era una ragazza anni prima e che adesso è diventata una donna. In carcere era prima, in carcere è adesso, per un crimine o per l'altro. Ha provato a cambiare vita, non c'è mai riuscita, c'è sempre stato qualcosa, qualcuno, forse solo la sfortuna, a farla finire nei guai. Alessandra corre alla finestra, cerca di vedere cosa succede fuori, ma il corteo è troppo lontano, la visuale troppo ridotta.

«Ma che è?» chiede alle compagne di cella. Loro non le rispondono nemmeno, da tempo hanno smesso di interessarsi alla vita vera, pensano solo a quella finta, artificiale, che si vive là dentro.

In fondo, sono solo rumori. Eppure Alessandra lo sente, lo sa che è successo qualcosa di importante.

La processione laica raggiunge piazza Plebiscito: solo quello spazio enorme può contenere la marea umana che è venuta a salutare Vincenza, a onorarla, soffiando un bacio da lontano o deponendo un fiore ai suoi piedi.

Man mano che la piazza si riempie cala un silenzio che è raccoglimento e preghiera. Anche il traffico tace, pare domenica pomeriggio.

Gaetano, Agata e Raffaele osservano quel flusso di persone, ciascuno con la propria storia, ciascuno sospinto da Vincenza verso un proprio riscatto.

Come gocce nel mare, ci sono pure Ciro e Carmela. Invecchiati, logorati da anni duri che anche dopo il carcere non sono stati troppo diversi da quelli di prima. I soliti litigi, i soliti traffici, solo con altre persone. Ma senza Vincenza. Non c'era quando sono usciti di prigione, non l'hanno più vista, e se l'hanno incrociata qualche volta non l'hanno riconosciuta.

Hanno pensato più volte di chiedere di lei, di provare a rintracciarla. Per una ragione o l'altra, non hanno mai fatto niente. Del resto, hanno provato spesso anche a dare un'altra direzione alla loro vita, e non ci sono mai riusciti.

Ma adesso hanno una luce diversa negli occhi. E una nuova forza che li spinge a raddrizzare la schiena, ad alzare bene il mento, a urlare il loro dolore, a cercare di tirarne fuori qualcosa di buono.

Nella coda che lentamente avanza, sbuca un uomo molto anziano. Cammina zoppicando, lento, aggrappato a un vecchio bastone. Nell'altra mano ha una bottiglia di vetro e un fazzoletto bianco. Si inginocchia accanto a Vincenza, versa il liquido sul fazzoletto e con quello inizia a lavarle le guance.

«Che fate?» gli chiede Gaetano, afferrandogli la mano.

Il vecchio si volta lentamente verso di lui, e gli sorride. E allora Gaetano lo riconosce, nonostante siano passati anni, nonostante l'altro sia invecchiato, indebolito, tremante. «Don Alfonso...» sussurra.

«La lavo con l'acqua di mare» risponde quello.

Gaetano china il capo, come per scusarsi, e gli lascia andare il polso.

«Ma che c'azzecca?» interviene una vecchia.

Una donna lì accanto commenta: «Fate buon'! L'acqua di mare pulisce meglio».

Lui si volta «Non è per questo. Voi neanche lo sapete quante volte Vincenza si è lavata in mare».

Una giovane madre gli domanda: «Quindi voi la conoscete?»

Alzandosi in piedi, don Alfonso dice: «Io conosco tutti voi, ogni vostra giornata, ogni vostro sentimento».

Questo è pazzo, pensa la donna.

«Non è vero» dice il vecchio, fissandola.

La donna sgrana gli occhi, spaventata. È sicura di non aver proferito parola, l'ha solo pensato, eppure... Si volta e scappa via, sparendo nella folla.

A don Alfonso sfugge un sorriso.

Poi si china, per riprendere a lavare la fronte e le mani di Vincenza.

Epilogo

La ragazza si controlla di nuovo le tasche del giubbotto azzurro. Conta. Due bustine per ciascuna. Poi le tasche dei jeans: tre bustine a destra, tre a sinistra, in quella di dietro cinque banconote da venti e cinque da dieci. È il fondo cassa, se deve dare il resto a qualche cliente.

Mastica la gomma, guarda l'orologio e sbuffa. Sono solo le 11, ha appena preso servizio e già è scocciata. E poi in giro sul lungomare non si vede nessuno, anche se l'insegna lampeggiante del night sta pulsando da un pezzo. Si guarda le punte delle scarpe da tennis, che cambiano colore a intermittenza, assecondando la luce. Bianche, rosse. Bianche, rosse.

La notte è ancora troppo giovane per lei che ha mille pensieri in testa. Si guarda intorno, svogliata. Qualche onda si fa sentire tra gli scogli, il cielo è nuvoloso, tra poco si mette a piovere. E ci manca solo la pioggia. Le viene in mente una canzone, e si mette a canticchiare, prima piano, poi a piena voce. «C'a pioggia dint' 'o core, tu t'è scurdat' 'e me...»

«Uè piccerè» la zittisce subito il buttafuori.

«Che è? Nun te piace Liberato?» gli risponde, ammiccante.

«Non siamo a Sanremo. Fatti il lavoro tuo, e fammi fare il mio.»

Lo sguardo cattivo che le rivolge quel bestione la scuote più del rimprovero. Masticando la gomma con finta nonchalance attraversa la strada, fino ad appoggiarsi alla balaustra, spalle al mare, gli occhi sempre puntati su quel pezzetto di strada. Tra poco arriverà gente, arriveranno soldi, è soltanto questione di ore, una nottata che deve passare, ma che è ben pagata.

Pensa a quello che farà con la mesata. La benzina per il motorino, i nuovi charm per i braccialetti che deve assolutamente comprare, la minigonna che ha visto in una vetrina a Spaccanapoli, nera con due file di strass. Perfetta per andare a ballare a Mezzocannone. Tutte le sue amiche, e soprattutto Giovanna, ci moriranno di invidia. Ma è troppo cara. È per questo che ha ricominciato a spacciare. Tanto quello che c'è da fare lo conosce già. Prima i soldi, poi la coca...

Una folata di vento gelido la fa rabbrividire. Si scosta dal viso due treccine che le sono cadute davanti agli occhi, e in quel momento nota una sagoma nera che si acquatta in mezzo alle macchine parcheggiate nella piazzetta di fronte. Di scatto si tira su, in allerta. Non è pagata per fare il palo, ma col cavolo che lo lascia avvicinare alla centralina elettrica dove ha nascosto il resto delle dosi.

Eccolo, si muove di nuovo, viene avanti in mezzo alle auto... e quando esce dall'ombra lo riconosce. È Odisseo, il parcheggiatore abusivo mezzo matto. Anche lui l'ha riconosciuta, e le fa un cenno di saluto. Lei risponde alzando appena la testa.

Meno male, pericolo scampato. Rilassa le dita che aveva stretto a pugno e si volta per tornare a sedersi sulla balaustra del lungomare. Ma quello che vede le fa spalancare la bocca dalla sorpresa, tanto che le casca la gomma sul marciapiede.

C'è un ragazzo, occhi azzurri e lunghi capelli biondi, proprio di fianco a dov'era seduta un secondo prima. Come ha fatto ad arrivare senza che lei se ne accorgesse? Eppure non c'era nessuno in vista, ne è sicura.

«Che ci fai qua, Lucia?» dice il ragazzo.

Lei sobbalza di nuovo, un po' spaventata, un po' attratta. Sbatte le palpebre, provando a metterlo a fuoco. Forse l'ha conosciuto in una serata? Impossibile. Un tipo del genere non si può dimenticare. Sembra un modello, con quel mento squadrato, le braccia muscolose e le spalle larghe. «Ma... ci conosciamo?»

Le labbra del ragazzo si dischiudono in un sorriso magnetico. Annuisce lentamente.

«Io però il nome tuo non me lo ricordo.»

«Non importa. Si dice che il diavolo ha mille nomi, no? Potrei averne parecchi anche io.»

La ragazza si lascia scappare una risatina maliziosa. «Ah sì? E se mi dai il tuo numero come faccio a registrarti in rubrica?» esclama.

Lui alza gli occhi al cielo e sospira: «Il carattere è simile al mio, hai ragione tu».

Chist'è pazzo. È l'unico pensiero che le passa per la testa.

«No, Lucia.» Il ragazzo torna a fissarla, e di nuovo le sorride. «Non sono pazzo.»

Un altro sobbalzo. Lucia è sicura di averlo solo pensato e di non aver pronunciato nemmeno una sillaba...

Quello sembra ancora più divertito. «Non ti spaventare. Te l'ho detto che ti conosco. Non ci credi? È vero o no che tu sogni di fare la cantante?»

Lucia sbarra gli occhi. Istintivamente fa un passo indietro, come per mettersi a distanza di sicurezza. Certo che è il suo sogno, lo è sempre stato, sin da quando riesce a ricordare. Ma non lo ha mai confessato a nessuno, solo a sua nonna Patrizia. Lei è l'unica che la incoraggia, le ripete che ha imparato a cantare ancora prima di parlare...

Il ragazzo resta impassibile, forse sta ancora ascoltando i suoi pensieri. La guarda da sotto in su, e nei suoi occhi, che ora paiono più scuri, sembrano brillare i riflessi della Via Lattea, tutta intera. «Sono venuto qui per salvarti» dice poi, serissimo.

La ragazza si guarda intorno, confusa, quasi stupita di constatare che ogni cosa è al suo posto. Il mare, il Vesuvio, la strada, l'insegna lampeggiante del night. Se volesse potrebbe scappare via, subito, da quella specie di incubo assurdo. Ma la curiosità è più forte della paura, e le infonde fiducia. «In che senso?»

Il ragazzo salta in piedi e le si avvicina. Odora di biscotti appena sfornati, chissà che shampoo usa. Con i capelli biondi che le sfiorano le guance, le sussurra sottovoce: «Tra due minuti circa arriverà una macchina bianca, con tre persone a bordo, due maschi e una donna. Se ti trovano qui ti arrestano».

Poi fa un passo incerto in avanti, e Lucia indietreggia di nuovo.

«Vieni con me e vedrai.»

«No! Vattènn'!»

Il ragazzo alza le spalle, e si incammina verso la rampa di scale che porta al mare. «Fa' come vuoi. Io però ti ho avvisata. Poi, certo, sarà un dispiacere grande per i tuoi genitori. Anna si chiama tua madre, vè? Fa la casalinga, ama le canzoni di Enzo Avitabile. E tuo padre Matteo? Un brav'uomo, se non fosse che beve un po' troppo. A lui piace Nino D'Angelo, però! Quindi non è del tutto da scartare.»

Mentre lui continua a scendere le scale, la ragazza pensa che quelle informazioni può avergliele raccontate un vicino di casa, qualcuno che dalla finestra s'è impicciato dei fatti loro. Per metterlo alla prova, gli domanda: «Solo loro si dispiaceranno?»

Il ragazzo è ormai alla fine della scalinata. Sempre senza voltarsi, risponde con la massima naturalezza. «Certo che no. Pure tua nonna Patrizia, è chiaro. O volevi sapere della tua sorellina Sofia? Mò deciditi, però, che mancano dodici secondi!»

Sul lungomare non ci sono macchine, ma lo stesso Lucia, spinta da quelle parole e dall'urgenza che le ha messo addosso lo sconosciuto, si fa coraggio e lo segue. Si nascondono insieme, fianco a fianco, dietro un muro. E dopo pochissimi istanti arriva davvero un'auto bianca. E davvero a bordo ci sono tre persone, due maschi e una femmina. Sporgendosi dai finestrini, i tre in auto si guardano a destra e a sinistra. Poi, dato che non trovano nessuno, ripartono a tutta velocità.

«Come hai fatto!?» esclama stupita Lucia. E poi, quasi balbettando, aggiunge: «Grazie...».

Il ragazzo però si è già allontanato, dandole le spalle. E così, più rivolto a sé stesso che a lei, mormora: «Io pure ora so sempre tutto».

Ma lei lo sente, e lo raggiunge in fretta. Gli si para davanti. Vuole una spiegazione. «Che vuol dire so sempre tutto?»

Lui la guarda negli occhi un momento, poi semplicemente cambia direzione e le dice: «Domani mattina vai al Teatro Arteria, presentati al botteghino, e di' che vuoi partecipare al corso di canto».

«Aspetta» fa lei, seguendolo. «E come li pago i corsi?»

«Non li devi pagare. Tu vai, ci sono i miei genitori lì.»

Lucia rimane di stucco. Tutti i pensieri confusi che le agitavano la mente si condensano in una domanda. *E chi sono mò i suoi genitori? Ma quanta gente mi conosce senza che io ne so niente?*

«Non continuare a dubitare!» la ammonisce il ragazzo. Ancora una volta le ha letto nel pensiero.

«Cosa devo dire al botteghino?»

A pochi metri da lei, di spalle, quel giovane così curioso e così gentile le sembra a un tratto irraggiungibile, quasi un puntino tremolante che sta per dissolversi in lontananza. «Di' che ti manda Vincenza Birillo.»

Nota dell'autore

Questo libro nasce perché ogni giorno, o quasi, mi capita una cosa meravigliosa: molti bambini del mio quartiere, sapendo che faccio l'attore, mi chiedono se posso portarli con me, al teatro o sul set.

Io guardo quegli occhi così giovani e così pieni di speranza. Mi domando sempre se il destino di questi ragazzi è scritto oppure no, se quello che diventeranno è inevitabile o meno.

Se sono santi o diavoli.

Se sono schiavi o re.

Camminando per i vicoli della mia città ho pensato a una storia, e mi sono chiesto: ma se fosse tutta colpa di alcuni dei modelli che questi ragazzi vedono? E se fossero costretti a *non* essere, a *non* diventare?

Da lì, è stata tutta una cascata di pensieri.

E se Napoli fosse libera dalla delinquenza?

Cosa potremmo mai desiderare in una città in cui si può sognare?

Cosa potrebbe attirare questi ragazzi, cosa potrebbe tentarli, se non l'arte?

Oppure l'amore?

O la fede?

Cosa potrebbe farli sbandare? La fame?

Sinceramente a quest'ultima idea non credo. Non è la fame che crea il male, è il male che crea la fame.

E se gli occhi di adulti liberi da ogni cattiveria o rancore restassero occhi di eterni bambini? Cosa ci sarebbe di più bello?

Da tutte queste domande è nata Vincenza Birillo.

Ringraziamenti

Ringrazio mia nonna per avermi insegnato l'arte dell'osservazione, facendomi notare fin da piccolo le sfaccettature della vita e del quotidiano.

Ringrazio ogni persona anziana che in tutti questi anni mi ha dato consigli semplici ma efficaci, stimolando costantemente la mia curiosità.

Alessandra, sei stata un'ispirazione continua, la mia amica d'avventura, e anche se non lo sapevi mi hai accompagnato in ogni sopralluogo, mi hai aiutato a scrivere e assaporare dei momenti che mi hanno fatto sentire vivo.

Grazie ai miei attacchi di panico che ahimè non ci sono più: mi hanno frenato e mi hanno dato modo di annoiarmi, e la noia poi è servita a farmi creare storie e soggetti.

Un grazie va a Napoli che mi regala ogni giorno esperienze e sensazioni uniche, che fanno sorgere in me un senso di responsabilità verso la città stessa, un'urgenza di celebrare e tutelare la sua storia così piena di arte. Sono orgoglioso di sentirmi una piccolissima parte di quella storia.

Grazie a Eduardo de Filippo, Totò, Nino Taranto, Luisa Conte, Peppino De Filippo, Pupella Maggio, i maestri che in un certo senso mi hanno cresciuto. È grazie a loro che scrivo.

Ringrazio Michela, Sandro e la casa editrice per aver fatto sì che questo libro uscisse in maniera fedele al filo che avevo in testa, e soprattutto perché mi hanno dato modo e fiducia.

Ringrazio Dio perche c'è, nei più piccoli dettagli di ogni giornata.

Questo libro è stampato fabbricato da Grafica Veneta S.p.A.
con un processo di stampa e rilegatura certificato 100% carbon neutral
in accordo con PAS 2060 BSI

Finito di stampare nel mese di aprile 2025
per conto di RCS MediaGroup S.p.A.
da Grafica Veneta S.p.A., Via Malcanton 2, Trebaseleghe (PD)
Printed in Italy